STARK

MITTLERER SCHULABSCHLUSS

Abschluss-Prüfungs-
aufgaben mit Lösungen

2013

Deutsch

Berlin • Brandenburg

2008–2012

STARK

ISBN 978-3-8490-0063-9

© 2012 by Stark Verlagsgesellschaft mbH & Co. KG
3. ergänzte Auflage
www.stark-verlag.de

Inhalt

Vorwort
Hinweise und Tipps zur Prüfung

Mittlerer Schulabschluss Berlin – Deutsch 2008

Mittlerer Schulabschluss Berlin – Deutsch 2009

Mittlerer Schulabschluss Berlin – Deutsch 2010

Mittlerer Schulabschluss Berlin – Deutsch 2011

Mittlerer Schulabschluss Berlin/Brandenburg – Deutsch 2012

Jeweils im Herbst erscheinen die neuen Ausgaben
der Abschluss-Prüfungsaufgaben mit Lösungen.

Autorin:

Juliane Schumacher

Vorwort

Liebe Schülerin, lieber Schüler,

mit dem vorliegenden Buch kannst du dich gezielt auf den **Mittleren Schulabschluss im Fach Deutsch** in Berlin und Brandenburg vorbereiten. Die **Original-Prüfungsaufgaben** aus den Jahren 2008 – 2012 bieten dir die Möglichkeit, unter Prüfungsbedingungen den Ernstfall ausgiebig zu üben.

Die Prüfung zum MSA, die seit 2012 in **Berlin und Brandenburg gemeinsam** stattfindet, entspricht in Aufbau und Umfang den Prüfungen, die bis dahin in Berlin geschrieben wurden. Das heißt, dass du dich nicht nur mit der Abschlussprüfung 2012, sondern auch mit den Berliner Prüfungsjahrgängen 2008 – 2011 optimal auf die Prüfung vorbereiten kannst.

Zu allen Aufgaben gibt es ausführliche **Lösungsvorschläge**, die dir zeigen, wie man die Aufgaben richtig und umfassend beantworten kann. Das bedeutet, dass auch andere Lösungen als die hier abgedruckten möglich sein können. Versuche stets, die Aufgaben zunächst **selbstständig** zu lösen, und sieh nicht gleich in der Lösung nach.

Falls du nicht weiterkommst, helfen dir die grau markierten **⚡ Hinweise und Tipps** zur jeweiligen Lösung. Wenn du sie gelesen hast, arbeite unbedingt selbstständig weiter. Am Schluss solltest du deine Lösung mit der hier angebotenen Lösung vergleichen und deine eigenen Ergebnisse gegebenenfalls korrigieren.

Ergänzend zu diesem Buch bietet dir der A4-Band **Training MSA Deutsch Berlin/ Brandenburg (Best.-Nr. 111540, separates Lösungsbuch 111540L)** weitere grundsätzliche Hinweise und vielseitige Übungen. Er ist ideal zur vertieften, langfristigen Vorbereitung auf alle Kompetenzbereiche und Aufgabenarten der Abschlussprüfung.

Sollten nach Erscheinen dieses Bandes noch wichtige Änderungen in der Prüfung zum Mittleren Schulabschluss vom LISUM Berlin-Brandenburg bekannt gegeben werden, findest du aktuelle Informationen dazu im Internet unter **www.stark-verlag.de/info.asp?zentrale-pruefung-aktuell**.

Der Stark Verlag und die Autoren wünschen dir nun viel Spaß bei der Vorbereitung und vor allem viel Erfolg in der Prüfung!

Hinweise und Tipps zur Prüfung

1. Warum gibt es den MSA?

Die Prüfung soll sicherstellen, dass die Bedingungen für den Erwerb des Mittleren Schulabschlusses an allen Schulen in Berlin und Brandenburg gleich sind. Da die Aufgaben zentral gestellt und von allen Schülerinnen und Schülern am selben Tag zur gleichen Zeit bearbeitet werden, ist gewährleistet, dass man überall die gleichen Leistungen bringen muss, um die Prüfung zu bestehen. So sind die Ergebnisse vergleichbar, und das ist ein Beitrag zur Gerechtigkeit.

2. Wie lange dauert die Prüfung?

Im Fach Deutsch dauert die Prüfung zum Mittleren Schulabschluss 180 Minuten, also drei Zeitstunden. Nicht eingerechnet wird die Zeit, die am Anfang nötig ist, um die Aufgaben zu verteilen.

3. Was wird eigentlich geprüft?

Geprüft werden alle Kompetenzbereiche des Deutschunterrichts (mit Ausnahme des Kompetenzbereichs Sprechen und Zuhören). Du musst also zeigen, dass du Texte verstehst, die du vorher noch nie gelesen hast, dass du sprachliche Phänomene kennst und richtig anwenden kannst (z. B. Haupt- und Nebensätze) und dass du in der Lage bist, zu einem gegebenen Thema einen überzeugenden Text zu schreiben.

4. Wie sehen die Aufgaben aus?

Es gibt drei Arten von Aufgaben: geschlossene, halboffene und offene.
- Es gibt verschiedene Arten von **geschlossenen Aufgaben**. In der Regel handelt es sich um Multiple-Choice-Aufgaben (Mehrfachwahlaufgaben), bei denen du aus einer Reihe von Aussagen jeweils die richtige ankreuzen musst.
- **Halboffene Aufgaben** verlangen von dir, dass du einzelne Fragen kurz und prägnant beantwortest.
- **Offene Aufgaben** sind Schreibaufgaben, d. h., du wirst aufgefordert, einen kompletten Text zu schreiben. In der Prüfung gibt es nur eine Schreibaufgabe, und zwar ganz am Schluss.

5. Wie ausführlich müssen die Antworten sein?

Bei geschlossenen Aufgaben genügt in der Regel ein Kreuz. Manchmal musst du auch eine bestimmte Information aufschreiben, z. B. einen Namen oder eine Zahl. Bei halboffenen Aufgaben schreibst du einen vollständigen Satz (es sei denn, du wirst ausdrücklich aufgefordert, nur Stichworte zu notieren). Und bei offenen Aufgaben musst du einen vollständigen Text schreiben (Richtschnur: 300 bis 500 Wörter).

6. Wird die Rechtschreibung auch bewertet?

Selbstverständlich wird die Rechtschreibung bewertet! Bei der Schreibaufgabe gibt es dafür eine bestimmte Punktzahl, die in die Bewertung eingeht. Berücksichtigt werden nicht nur die Rechtschreibung und Zeichensetzung, sondern auch die sprachliche Korrektheit.

7. Welche Hilfsmittel sind erlaubt?

Außer den Schreibgeräten (Stiften) darfst du nur ein Wörterbuch benutzen. Handys sind nicht erlaubt. Wenn du dein Handy nicht zu Hause lassen willst, musst du es vor Beginn der Prüfung auf das Lehrerpult legen. Sollte ein Schüler während der Prüfung mit einem Handy erwischt werden, wird das als Täuschungsversuch angesehen, und damit gilt der MSA automatisch als nicht bestanden.

8. Wie läuft die Prüfung ab?

Jeder Schüler und jede Schülerin bekommt einen Einzelplatz. Wenn alle Prüflinge ihren Platz eingenommen haben, werden die Aufgaben ausgeteilt. Das ist ein ganzes Paket (mehr als 20 Seiten). Danach beginnt die eigentliche Prüfungszeit: Nun bearbeitet jeder für sich nacheinander alle Aufgaben. Wer fertig ist, gibt ab und kann nach Hause gehen.

9. Wie gehst du am besten vor?

Am besten blätterst du das Paket mit den Prüfungsaufgaben am Anfang einmal kurz durch, um dir einen Überblick zu verschaffen. Du kannst davon ausgehen, dass die Texte, die die Grundlage für die Aufgaben bilden, zu einem bestimmten Themenkomplex gehören, z. B. zum Thema „Gerüche" oder „Forscher und Entdecker". Mache dich also auch mit dem Thema vertraut.

Danach bearbeitest du die einzelnen Aufgaben. Springe nicht hin und her, sondern beginne mit dem ersten Text und den entsprechenden Aufgaben. Arbeite so nach und nach das ganze Prüfungspaket durch. Aufgaben, die dir Kopfzerbrechen bereiten, überspringst du erst mal, damit du nicht unnötig Zeit verschwendest. Wenn du alle Aufgaben bearbeitet hast, kannst du dich noch einmal diesen Aufgaben zuwenden und versuchen, sie doch noch zu lösen.

Versuche, dir deine Zeit gut einzuteilen. Gehe davon aus, dass du für die ersten Prüfungsteile (Aufgaben zum Textverstehen und zum Sprachwissen) ungefähr zwei Drittel der gesamten Prüfungszeit benötigst (also zwei Stunden). Für die Schreibaufgabe solltest du am Ende noch eine Stunde übrig haben.

10. Wie wird die Prüfung bewertet?

Neben jeder Aufgabe ist die Punktzahl, die man mit der richtigen Lösung erreichen kann, genau angegeben. Wenn du mit allen deinen Lösungen mindestens 60 Prozent der erreichbaren Gesamtpunktzahl erzielt hast, hast du die Prüfung mit der Note Ausreichend bestanden. Du musst es also schaffen, etwas mehr als die Hälfte aller Aufgaben richtig zu lösen.

11. Kann man die Prüfung wiederholen, wenn man sie nicht bestanden hat?

Nein, das kannst du nicht. Wenn du nur in einem Fach die Prüfung nicht bestanden hast (z. B. in Mathematik), kannst du den MSA aber trotzdem schaffen, wenn das Ergebnis in einem anderen Fach mindestens mit Befriedigend bewertet worden ist. Allerdings müssen auch die Jahresnoten stimmen. Den MSA bekommt nämlich nur derjenige, der sowohl die Prüfung bestanden hat als auch im Zeugnis den geforderten Notendurchschnitt erzielt hat. Genauere Informationen über die Bewertung der Prüfung kannst du im Internet nachlesen unter: (http://www.berlin.de/sen/bildung/bildungswege/schulabschluesse/)

Prüfungsaufgaben

1 ## Unsere großen Nesthocker
Die neuen Spätauszieher sind typisch für unsere Gesellschaft.
Von Jörg von Irmer

1 Für junge Erwachsene ist der Auszug aus dem Elternhaus und die damit verbundene Unabhängigkeit von den Eltern ein dramatischer Schritt. Es ist jedoch eine Entwicklungsaufgabe, die immer häufiger nach hinten verschoben wird. Viele junge Erwachsene beschließen heute, länger im Nest hocken zu bleiben.

5 Auffällig ist an der Entwicklung zweierlei: Zum einen hat sich innerhalb der letzten 30 Jahre das durchschnittliche Auszugsalter (definiert als das Alter, zu dem die Hälfte der gleichaltrigen Personen ausgezogen ist) um etwa zwei Jahre nach hinten verlagert. Heute liegt es in etwa bei 21 Jahren für Frauen und 23 Jahren für Männer. Zum anderen sind diese jungen Erwachsenen, die später ausziehen, aber 10 auch vermehrt in der Mittelschicht anzutreffen und nicht mehr nur in privilegierteren[1] Familien.

Nesthocker könnten, so eine These, zu den Verlierern der Leistungsgesellschaft gehören, weil sie die Grundbedingungen Selbstständigkeit und Flexibilität nicht mitbringen.

15 Vor allem die familiären Faktoren müssen deshalb in den Blick genommen werden. Zentral für eine erwachsene Eltern-Kind-Beziehung ist der Prozess der Individuation[2]. Dieser beschreibt eine grundlegende Umstrukturierung der Beziehung: weg vom Rollenverhalten als Eltern und Kind, hin zu einer Beziehung auf gleicher Augenhöhe, auf der sich nun zwei erwachsene Menschen begegnen. Dabei 20 kommt es zu einem Gleichgewicht zwischen der Unabhängigkeit des „Kindes" einerseits und dem Aufrechterhalten der Beziehung andererseits. Dieser Prozess läuft nicht ohne Konflikte ab.

Die Familienbeziehungen von Frühausziehern und Nesthockern unterscheiden sich schon während der Pubertät: Nesthocker werden in ihrer Unabhängigkeit von 25 den Eltern erst später unterstützt, und die Familienmitglieder berichten insgesamt über weniger Konflikte. Frühauszieher suchen hingegen schon früh außerhalb der Familie enge Beziehungen: 60 Prozent der Frühauszieher hatten bereits mit 16 Jahren einen Partner – aber nur 20 Prozent der späteren Nesthocker. Das zeigt, dass der konfliktgeladene Aushandlungsprozess, der zur Individuation dazugehört, 30 und die Loslösung von den Eltern in vielen Nesthockerfamilien schon während der Pubertät behindert wird.

Eine weitere parallele Entwicklung der letzten Jahre ist, dass junge Erwachsene oft ohne große Einschränkungen im Elternhaus wohnen können. Damit stellt

sich für heutige junge Erwachsene die Frage, weswegen sie überhaupt ausziehen
35 und die ganzen Unbequemlichkeiten und Risiken des Alltags auf sich nehmen
sollen.

Sie können doch auch gut zu Hause wohnen bleiben und trotzdem ihr eigenes Leben leben. Nur das Führen von Partnerschaften kann dadurch erschwert werden. Welcher Erwachsene möchte schon gerne seine neue Eroberung in sein Kin-
40 derzimmer mitnehmen?

Aus psychologischer Sicht ist das Nesthocken jedoch nur bedenklich, wenn
die erwachsenen Kinder von ihren Eltern lange und tief greifend emotional abhängig sind. In einem solchen Abhängigkeitsverhältnis werden sich Eltern und
Kinder nicht auf gleicher Augenhöhe begegnen können. Die Kinder bleiben Kin-
45 der, statt selber Eltern zu werden. Aber es gibt unvermeidliche ökonomische oder
familiäre Bedingungen, die dazu führen, dass Kinder zu Hause wohnen bleiben.

Wie sich das relativ neue Phänomen der Nesthockerei langfristig auswirken
wird, ist noch offen.

Quelle: Der Tagesspiegel vom 27. 04. 2007

1 privilegiert: Jemand ist mit einer Sonderstellung, mit besonderen Vorrechten ausgestattet.
2 Individuation: Prozess der Selbstfindung des Menschen, in dessen Verlauf er sich der eigenen
Individualität bewusst wird

Lesekompetenz –
Aufgaben zu Text 1 „Unsere großen Nesthocker"   Punkte

101 Im Untertitel wird der Begriff „Nesthocker" durch ein anderes Wort
ersetzt. Notieren Sie das Wort.   1

~~Spät auseicher~~

102 Im Text ist von „Unbequemlichkeiten und Risiken des Alltags" die
Rede, die junge Erwachsene auf sich nehmen (Z. 35).
Notieren Sie (a) ein Beispiel für eine Unbequemlichkeit und (b) ein
Beispiel für ein Risiko des Alltags aus Ihrem Alltagswissen.

a) ~~Putzen~~   1

b) ~~einsturzen des Einkommen~~   1

103 Der Auszug aus dem Elternhaus ist eine Entwicklungsaufgabe.   1
Damit ist eine Aufgabe gemeint, die …

- [ ] sich entwickeln muss.
- [ ] man entwickeln muss.
- [x] zur eigenen Entwicklung gehört.
- [ ] von den Eltern entwickelt wird.

104 Das Auszugsalter hat sich in den letzten Jahrzehnten verändert.
Notieren Sie diesen Zeitraum.   1

30 Jahre

105 Das durchschnittliche Auszugsalter hat sich bei Männern und Frauen
im Vergleich zu früher geändert. Notieren Sie das entsprechende Auszugsalter in folgender Tabelle.   2

	früher	heute
Männer	21	27
Frauen	19	21

106 Nach Aussage des Textes (Z. 1–4) lässt sich der Auszug aus dem
Elternhaus entwicklungspsychologisch gleichsetzen mit dem …   1

- [ ] Verlust der Eltern.
- [ ] Verlust des Zuhauses.
- [x] Gewinn von Unabhängigkeit.
- [ ] Gewinn von neuen Erwartungen.

107 Voraussetzung für das Bestehen in der Leistungsgesellschaft sind
zwei Fähigkeiten, die von „Nesthockern" häufig NICHT erworben
werden (Z. 12–22). Notieren Sie diese.   1

Selbstständigkeit
Flexibilität

108 Im Folgenden finden Sie Merkmale des Prozesses der Individuation
(Z. 12–22). Bringen Sie diese in die Reihenfolge, wie sie im Text
genannt werden. Notieren Sie die Nummern 1 bis 4.   1

	Nummer
a) Beziehung auf gleicher Augenhöhe	_____
b) Gleichgewicht zwischen Unabhängigkeit des Kindes und Aufrechterhalten der Beziehung	_____
c) Prozessablauf nicht ohne Konflikte	_____
d) weg vom Rollenverhalten als Eltern und Kind	_____

109 Der Prozess der Loslösung des jungen Erwachsenen läuft nicht ohne Konflikte mit den Eltern ab (Z. 21 f.). Notieren Sie ein Beispiel für einen solchen Konflikt aus Ihrem Alltagswissen. 1

Sehnsucht zu den Eltern
_____

110 Bereits in der Pubertät gibt es Unterschiede zwischen Nesthockern und Frühausziehern. Notieren Sie je zwei Unterscheidungsmerkmale aus dem Text. 2

Nesthocker	Frühauszieher
Weniger Konflikte	*Partner*
keine Einschränkungen	*Loslösung einfach*

111 Im Text steht „es gibt unvermeidliche ökonomische oder familiäre Bedingungen" (Z. 45 f.), weshalb erwachsene Kinder zu Hause wohnen bleiben. Notieren Sie ein Beispiel für eine dieser Bedingungen aus Ihrem Alltagswissen. 2

_____

_____

112 Aus psychologischer Sicht ist das Nesthocken problematisch, wenn … 1

☐ Kinder von den Eltern wirtschaftlich abhängig sind.

☒ Kinder von den Eltern emotional abhängig sind.

☐ Kinder und Eltern sich auf Augenhöhe begegnen.

☐ Kinder und Eltern einander ständig kritisieren.

113 Erklären Sie den sprachlichen Ausdruck: „auf gleicher Augenhöhe".
(Z. 28 f.). 2

man behandelt sich gleich und ist völlig gleichberechtigt

114 Im Text wird der Auszug aus dem Elternhaus als ein „dramatischer
Schritt" (Z. 2) beschrieben. Ersetzen Sie den Begriff „dramatisch"
durch einen anderen passenden. 1

☒ tragischer

☐ theatralischer

☐ amüsanter

☒ folgenreicher

115 Der Stil des Verfassers ist … 2

☒ informierend.

☐ appellierend.

☐ erzählend.

☐ kommentierend.

Lesekompetenz gesamt   21

Sprachwissen und Sprachbewusstsein – Aufgaben zu Text 1   Punkte

151 Der Satz in Z. 5 beginnt mit der Formulierung „Zum einen …".
Notieren Sie die dazu gehörende Fortsetzung aus dem Text. 1

152 Der Autor verwendet verschiedene Stilmittel.
Ordnen Sie jedem Satz die richtige Nummer zu.
1) Hauptsatz
2) Satzreihe/Satzverbindung
3) Satzgefüge mit Konjunktionalsatz
4) Satzgefüge mit Relativsatz

a) „Es ist jedoch eine Entwicklungsaufgabe, die immer
häufiger nach hinten verschoben wird." (Z. 2 f.)   _____   1

b) Nesthocker werden in ihrer Unabhängigkeit von den
Eltern erst später unterstützt und die Familienmit-
glieder berichten insgesamt über weniger Konflikte."
(Z. 24–26)   _____   1

c) „Eine weitere parallele Entwicklung der letzten Jahre
ist, dass junge Erwachsene oft ohne große Einschränkungen im Elternhaus wohnen können." (Z. 32 f.)   _____   1

153 In Zeile 9 f. heißt es „... aber auch vermehrt in der Mittelschicht anzutreffen ...". Ersetzen Sie das Wort „vermehrt" durch ein anderes
passendes Wort.   1

häufig

154 Es gibt typische Nomen-Endungen (z. B. „-heit", „-schaft"). In Zei-
le 12–22 finden Sie mehrere Nomen, die andere typische Nomen-
Endungen haben.
Notieren Sie zwei Beispiele mit unterschiedlichen Endungen aus dem
Text.   1

• _Faktoren Rollenverhalten_
• _Beziehung_

155 Begründen Sie die Großschreibung der unterstrichenen Wörter mit
jeweils einer Regel.

a) „Auffällig ist an der Entwicklung zweierlei: Zum einen ..." (Z. 5)   1
Regel: _Satzanfang nach Doppelpunkt_

b) „Vor allem die ... müssen deshalb in den Blick genommen werden." (Z. 15 f.)   1
Regel: _Nomen mit Artikel_

c) „Dieser Prozess läuft nicht ohne Konflikte ab." (Z. 21 f.)   1
Regel: _Satzanfang_

d) „Nur das <u>Führen</u> von Partnerschaften kann dadurch erschwert werden." (Z. 38 f.)   1

Regel: _Arhikel vor Susslanhl/_

---

156 Unterstreichen Sie in den folgenden Sätzen jeweils das vollständige Subjekt.
a) „Dieser Prozess läuft nicht ohne Konflikte ab." (Z. 21 f.)   1
b) „Nur das Führen von Partnerschaften kann dadurch erschwert werden." (Z. 38 f.)   1

157 Unterstreichen Sie in den folgenden Sätzen jeweils die finite Verbform.
a) „Dieser beschreibt eine grundlegende Umstrukturierung der Beziehung." (Z. 17 f.)   1
b) „Nesthocker werden in ihrer Unabhängigkeit von den Eltern erst später unterstützt ..." (Z. 24 f.)   1

158 In dem folgenden Satz gibt es <u>drei</u> Konjunktionen (Bindewörter). Unterstreichen Sie sie.   1
„Aber es gibt unvermeidliche ökonomische oder familiäre Bedingungen, die dazu führen, dass Kinder zu Hause wohnen bleiben." (Z. 45 f.)

159 Ergänzen Sie die beiden Tempusformen (Zeitformen).

Präsens	er „beschreibt" (Z. 17)
a) Präteritum	er _beschrieb_ 1
b) Futur I	er _____ 1

160 In Z. 12 f. heißt es: „Nesthocker könnten, so eine These, zu den Verlierern der Leistungsgesellschaft gehören ...". Was ist damit gemeint?   2

☒ Es wird vermutet, dass Nesthocker zu den Verlierern der Leistungsgesellschaft gehören könnten.

☐ Es wird gewünscht, dass Nesthocker zu den Verlierern der Leistungsgesellschaft gehören könnten.

☐ Es ist bewiesen, dass Nesthocker zu den Verlierern der Leistungsgesellschaft gehören könnten.

☐ Es wird gehofft, dass Nesthocker zu den Verlierern der Leistungsgesellschaft gehören könnten.

161 Tempus (Zeitform) des Textes ist vor allem …   1

☐ Präteritum.

☐ Futur.

☐ Perfekt.

☐ Präsens.

162 In Z. 23–31 finden Sie mehrere zusammengesetzte Nomen wie z. B.
„Nesthocker". Ergänzen Sie drei.   2

Auszugsalter / Mittelschicht, Grundbedingung

---

163 Unterstreichen Sie das Präpositionalobjekt in dem folgenden Satz: 1
„Dieser Prozess läuft nicht ohne Konflikte ab." (Z. 21 f.)

Sprachwissen gesamt   23

2 **Nesthocker**
(Gegensatz: Nestflüchter)

1 Das Begriffspaar Nesthocker und Nestflüchter stammt aus der Verhaltensforschung.
Dort war es ursprünglich „nur für Vögel gebräuchlich und bezog sich primär
auf den Zeitpunkt, zu dem die Jungen das Nest verlassen" (Klaus Immelmann
1982). Mittlerweile wird das Begriffspaar auch auf Säugetiere und sogar Fische an-
5 gewandt, die gar kein Nest bauen.
Bei den Säugern gilt im Allgemeinen, dass sich Nestflüchter unter den stam-
mesgeschichtlich jüngeren, d. h. fortschrittlicheren Arten finden.
Der Begriff Nesthocker ist seit den 90er-Jahren auch in der Alltagssprache
und in der populärwissenschaftlichen Literatur für Jugendliche gebräuchlich, die
10 erst spät aus dem Elternhaus ausziehen.
In der Entwicklungspsychologie gelten die Spätauszieher als unselbstständig
und in der Entwicklung zurückgeblieben.

Quelle: www.single-generation.de/glossar/nesthocker.htm (Bernd Kittlaus)

201 Für wen wird der Begriff Nesthocker NICHT verwendet?   1

☐ für Vögel

☒ für Insekten

☐ für Fische

☐ für Säugetiere

202 Aus welchem biologischen Bereich stammt der Begriff Nesthocker
ursprünglich?   1

~~Vogel~~ Verhaltensforschung

203 Seit wann ist der Begriff „Nesthocker" nicht nur für Tiere gebräuchlich?   1

1982

204 In der Definition zu dem Begriff Nesthocker (Text 2) wird der Spätauszieher als unselbständig und in der Entwicklung zurückgeblieben
beschrieben.
Notieren Sie ein Beispiel für seine Unselbstständigkeit aus Ihrem
Alltagswissen.   2

Er muss sich selbst Essen besorgen

205 Entkräften Sie die Behauptung in Text 2: Spätauszieher gelten als „unselbstständig und in der Entwicklung zurückgeblieben" (Z. 11 f.)
durch eine Aussage aus Text 1.   2

Lesekompetenz gesamt   7

3 Wohnungsanzeigen

Bezirk Prenzlauer Berg

Zi.	Lage	m²	Miete	NK/Bek	Pr	weitere Infos	Anbieter	Telefon
1	Wichertstr. 1/san.AB	28	196,-k	inkl.	+	3. OG, SFL, GEH, mod. Bd, Kü, So. Bes. 14 h	LOGIART GmbH	44 44 85 85
1	Pappelalle 7/8	33	160,-k	zzgl.	+	ZH, Dn, zur Untermiete	Privat	0178/2929290
1	Bötzowstraße 18	36	308,-w	60,-	+	Topsan. AB, SFL, EBK, mod. W-B, ZH, Bk, Dn	Eike Sprie Immobilien	3 23 23 23
1	Winsstr.	40	325,-w	inkl.	0	1. OG, AB, Stuck, GEH, gr. Kü, 3 MMK	Privat su. Nachmieter	0174/3456789
1	Kopenhagener Str. 32	41	287,-w	61.50	+	AB, 2. OG, GEH, Du, EBK, Bk	Augsburg Immobilien	0151/15151515
1	Danziger Str. 157 △	43	227,-k	inkl.	0	4. OG, Küche, Duschbad, Ofenhzg., Kl.	Forfeigt Immobilien	30 87 29 81
1	Kuglerstr. 6	44	199,-w	inkl.	+	AB, 1. OG, GEH, Dn, W-B, ren.	www.erdinev.de	37 47 37 47
1	Esmarchstr. 23	48	460,-w	inkl.	+	VH, Dielen, hell, EBK, s.gepflegt	Uergeba Immobilien	9999 9999
1	Szenelage-sehr ruhig	50	260,-k	inkl.	+	Pappelallee 7/8, hell, ZH, Dn, Bd, ren.	www.erdinev.de	37 47 37 47
1	Heinz-Bartsch-Str. 16	50	395,-w	inkl.	+	stilv. AB, Laminat, Balkon, hell, Parkblick	Uergeba Immobilien	99 99 99 99
1	Erich-Weinert-Str. 11	51	309,-k	104,-	+	mod. AB, HH, EG, Bad, Fliesen	Augsburg Immobilien	0151/15151515
1	Helmholtzplatz, san. AB	51	384,-k	zzgl.	0	4. OG, Dn, WB, GEH, stilv., hell, gr. Ga	Privat, Tel. Montag 10–13 h	0172/3133133
1	Lychener Str. 74	51	317,-k	60,-	0	4. OG, HH, abgez. Dielen, Sa., Bes. 15:30	v. Hauptverwaltung	98 98 98 98
1	Finnländische Str. 10	54	395,-w	inkl.	0	AB, VH, EG, hell, ZH, gefl. Du, gr. Kü, Km	Kammler Immobilien	68 68 68 68

Das Besondere an der Immobilie:
△ Dachgeschoss

Alle Abkürzungen auf einen Blick:

Alle Wohnungsangebote sind von gewerblichen Anbietern, sofern im Feld „Anbieter" nicht „Privat" oder „Chiffre" steht. Bei Wohnungsangeboten mit Gasetagen -, Ofenheizung oder Bruttokaltmieten bezieht sich die Angabe NK/Bek nur auf die Betriebskosten, da die Heizkosten gesondert abgerechnet werden (bei Brutto-Kaltmiete steht „+ Hk"). Die Angaben in den Feldern „m²", „Miete" und „NK/Bek" sind ggf. gerundet. Chiffrezuschriften an: **Der Tagesspiegel, Potsdamerstraße 87, 10785 Berlin, Telefon (030) 260 09-700, Fax (030) 260 09-777**

+(Pr)	= mit Provision
0(Pr)	= ohne Provision
2. Fö	= 2. Förderweg
AB	= Altbau
Bd	= Bad/Bäder
BeK	= Betriebskosten
Bk	= Balkon
DHH	= Doppelhaushälfte
Dn	= Dielen
Du	= Dusche
EBK	= Einbauküche
Eb	= Erstbezug
EG	= Erdgeschoss
F	= Fahrstuhl
FbH	= Fußbodenheizung
G-WC	= Gäste-WC
GA	= Genossenschaftsanteil
Ga	= Garten
GaH	= Gartenhaus
Gal	= Galerie
Gar	= Garage/Tiefgarage
gfl.	= gefliest
GEH	= Gasetagenheizung

Hb	= Hausbesichtigung
HH	= Hinterhaus
Hk	= Heizkosten
Hob	= Hobbyraum
HP	= Hochparterre
Imm	= Immobilien
Ka	= Kamin
Kab	= Kabelanschluss
Kfz	= Autostellplatz
Kl	= Keller
Km	= Kammer
Kt	= Kaution
Lg	= Loggia
MaBd	= Marmorbad
MMK	= Monatsmiete(n) Kaution
Mn	= Maisonette
NB	= Neubau
NK	= Nebenkosten
NM	= Nachmieter
OG	= Obergeschoss
OH	= Ofenheizung
Öl	= Ölheizung

Pk	= Parkett
ren	= renoviert
renbed	= renovierungsbedürftig
RlvF	= RlvF-Bescheinigung
ruh	= ruhig
SFL	= Seitenflügel
Sou	= Souterrain
St	= Stuck
Sv	= Stadtvilla
tgw	= teilgewerblich nutzbar
t-möb	= teilmöbliert
Tep	= Teppichboden
Ter	= Terrasse
US-Kü	= amerikanische Küche
vg	= verkehrsgünstig
VH	= Vorderhaus
v-möb	= vollmöbliert
W-B	= Wannenbad
WBS	= Wohnberechtigungsschein
Wg	= Wintergarten
ZH	= Zentralheizung

Quelle: DER TAGESSPIEGEL vom 10. 11. 2007 (geändert)

301 Felix sucht mit seiner Freundin eine Einzimmerwohnung, die nicht
    über 260 € warm kostet und mindestens 44 m² hat.
    Notieren Sie die Wohnung, die infrage kommt.   1

    Kuglerstr. 6

302 Welche Wohnungen kann man ganz sicher am Wochenende ansehen?
    Notieren Sie die Straßennamen.   1

    • _____

    • _____

303 Luise interessiert sich für die Wohnung in der Winsstraße.

    a) Wie hoch ist die Provision für diese Wohnung?   1

        keine Provision

    b) Was bedeutet 3 MMK? Schreiben Sie die Abkürzung aus.   1

        3 Monats mieten Kaution

304 Bei einigen Angeboten werden Vorderhauswohnungen inseriert.
    Notieren Sie die Lage (Straße).   1

    • *Esmarch Str. 23*
    • *Finnlandische Str. 10*

305 Die Wohnung am Helmholtzplatz hat einen privaten Anbieter.
    Wie und wann kann man mit ihm Kontakt aufnehmen?   1

    Wie: *Handy*
    Wann: *Montag 10 - 13 Uhr*

306 Wie heißt der Anbieter des Dachgeschosses?   1

    _____

307 Kim sucht eine Wohnung, die größer als 40 m² ist und einen Balkon
    hat. Wie viele Angebote findet sie?   1

    ☐ eine Wohnung
    ☑ zwei Wohnungen
    ☐ drei Wohnungen
    ☐ vier Wohnungen

308 Pit sucht eine Wohnung, die ein Bad mit Dusche oder Wanne hat, einen
Balkon und eine Küche oder Einbauküche hat und nicht über 350 €
warm inklusive Nebenkosten kostet.

a) Markieren Sie in der Tabelle, was für die jeweilige Wohnung infrage kommt, mit: (+) für „trifft zu" und (-) für „trifft nicht zu". 3

	Bad mit Dusche oder Wanne	Balkon	Küche oder Einbau-küche	nicht über 350 € warm inklusive Nebenkosten
Bötzowstraße				
Finnländische Straße				
Kopenhagener Straße				

b) Welche der Wohnungen erfüllt die meisten Bedingungen? Notieren Sie sie. 1

Lesekompetenz gesamt   12

4 Besuch vom Lande
Erich Kästner

1 Sie stehen verstört am Potsdamer Platz.
Und finden Berlin zu laut.
Die Nacht glüht auf in Kilowatts.
Ein Fräulein sagt heiser: „Komm mit, mein Schatz!"
5 Und zeigt entsetzlich viel Haut.

Sie wissen vor Staunen nicht aus und nicht ein.
Sie stehen und wundern sich bloß.
Die Bahnen rasseln. Die Autos schrein.
Sie möchten am liebsten zu Hause sein.
10 Und finden Berlin zu groß.

Es klingt, als ob die Großstadt stöhnt,
weil irgendwer sie schilt[1].
Die Häuser funkeln. Die U-Bahn dröhnt.
Sie sind das alles so gar nicht gewöhnt.
15 Und finden Berlin zu wild.

Sie machen vor Angst die Beine krumm.
Und machen alles verkehrt.
Sie lächeln bestürzt. Und sie warten dumm.
Und stehn auf dem Potsdamer Platz herum,
20 bis man sie überfährt.

Quelle: Erich Kästner: Gedichte. Zürich: Atrium Verlag 1960.

1 schilt: ausschimpft

Lesekompetenz – Aufgaben zum Gedicht „Besuch vom Lande"   Punkte

401 Wer ist im Gedicht mit „sie" gemeint?   1

☒ Reisende vom Lande

☐ Besuch aus der Stadt

☐ Besuch aus Berlin

☐ Touristen aus dem Ausland

402 Berlin wird hier als eine Stadt beschrieben, die Touristen die Möglichkeit bietet, … 1

☐ sich im Trubel der Großstadt richtig wohlzufühlen.

☐ Abstand vom Alltag zu gewinnen und sich zu erholen.

☒ Eindrücke zu gewinnen, die verwunderlich und beängstigend sind.

☐ sich in Ruhe die Sehenswürdigkeiten anzusehen.

403 An welchem Ort in Berlin befinden sich diese Personen? 1

Potsdamer Platz

404 Die Menschen, die nach Berlin fahren, zeigen im Gedicht unterschiedliche Reaktionen. Notieren Sie (a) eine positive und (b) eine negative Reaktion der Menschen auf die Stadt Berlin.

a) *Häuser funkeln* 1

b) *zu laut* 1

405 Berlin wird im Gedicht als eine Stadt beschrieben, die …

	richtig	falsch	
a) viele verkehrsberuhigte Zonen hat.	☐	☒	1
b) laut und lebhaft ist.	☒	☐	1
c) schmutzig und unattraktiv ist.	☐	☒	1
d) nachts immer hell erleuchtet ist.	☐	☒	1

406 Der Autor verwendet verschiedene Stilmittel.
Ordnen Sie jedem Satz die richtige Nummer zu.
1) Alliteration (gleicher Anfangsbuchstabe mehrerer aufeinanderfolgender Wörter)
2) Personifikation (Dinge, Tiere, Pflanzen haben menschliche Eigenschaften oder Verhaltensweisen)
3) Anapher (Wiederholung am Versanfang)

	Nummer	
a) „Die Autos schrein." (V. 8)		1
b) „Sie wissen vor Staunen nicht aus und nicht ein. Sie stehen und wundern sich bloß." (V 6 f.)		1

407 Notieren Sie je ein Verb oder Adjektiv, mit dem im Gedicht (a) Lautstärke und (b) Helligkeit ausgedrückt wird.

a) Lautstärke: _Stoh̆nt_   1

b) Helligkeit: _Kilo Walls_   1

408 Im Vergleich zu Berlin empfinden die Besucher das Leben in ihrem
Heimatort offensichtlich als ...   1

☐ bedrückend.

☐ viel aufregender.

☐ gewöhnungsbedürftig.

☒ weniger anstrengend.

409 Im Gedicht ...

		richtig	falsch	
a)	wird die Stadt Berlin als eine sympathische, menschenfreundliche Stadt dargestellt.	☐	☒	1
b)	wird die Angst, die Berlin als Stadt bei den Besuchern auslöst, deutlich.	☐	☐	1
c)	wird der Potsdamer Platz als hektischer und betriebsamer Ort beschrieben.	☒	☐	1
d)	werden die Berliner beschrieben, wie sie ihren Alltag in der Großstadt genießen.	☐	☐	1

410 Wer wird im Gedicht auf ironische Weise lächerlich gemacht?
Notieren Sie.   2

Die Besucher

Lesekompetenz gesamt   20

**Sprachwissen und Sprachbewusstsein –
Aufgaben zum Gedicht „Besuch vom Lande"**   Punkte

451 Im Gedicht werden viele unvollständige Sätze verwendet.
Notieren Sie <u>einen</u> unvollständigen Satz.   1

Sie lächeln bestürzt

452 Gedicht wird in der 1. Strophe, Vers 1, das Wort „verstört" verwendet.
Ersetzen Sie es durch ein anderes passendes Wort.   1

___

453 Im Gedicht befindet sich direkte Rede. Notieren Sie den Satz.   1

___

___

454 Im Gedicht wird häufig eine Konjunktion verwendet, die normalerweise keine Sätze einleitet. Nennen Sie die Konjunktion.   1

___

455 In dem Satz: „Es klingt, als ob die Großstadt stöhnt/weil irgendwer
sie schilt." (V. 11 f.) stehen zwei Kommas.
Es handelt sich dabei um einen …   1

□ eingeschobenen Gliedsatz.

□ eingeschobenen Hauptsatz.

□ eingeschobenen Relativsatz.

□ eingeschobenen Infinitivsatz.

456 In der 3. Strophe des Gedichts steht: „Und finden Berlin zu wild."
(Vers 5). Für das Wort „wild" gibt es im Wörterbuch folgende Synonyme (Wörter mit gleicher oder ähnlicher Bedeutung).
Unterstreichen Sie ein Wort, das zu dieser Textstelle passt.   1
aufgebracht, durcheinander, gesetzeswidrig, ungeregelt, unvereinbar,
wütend, zornig

457 „Sie möchten am liebsten zu Hause sein" (V. 9).
Damit ist gemeint: 1

□ ein Wunsch

□ eine Erwartung

□ ein Glaube

□ eine Ahnung

Sprachwissen gesamt   **7**

Schreibkompetenz – Überarbeiten eines Pinnzettels

Folgender Pinnzettel soll an die Haustür eines Mehrfamilienhauses gehängt werden. Er ist aber noch fehlerhaft und muss überarbeitet werden.

---

1 **Gesucht wird Herr Lehmann**

Am 10. September 2007 war Herr Lehmann das letzte Mal bei mir zum essen zu Hause. Danach ging ich einkaufen. Neben vielen anderen Sachen (Naschen für die Kinder, eine Zeitung für den Mann) kaufte ich auch etwas leckeres für Herrn Lehmann,
5 Zu Hause angekommen, rief ich Herrn Lehmann, aber er kam nicht, er war nirgends zu finden.

Nach langer Diskussion mit Mann und Kindern gab einer der Herren auch zu, die Tür offen gelassen zu haben, als er in den Keller ging. In dieser Zeit wird Herr Lehmann wohl abgehauen sein und ist bisher nicht zurückgekehrt.

10 Blöderweise hat mir nun auch noch eine Nachbarin erzählt, dass sie am Montag das Quietschen von Autobremsen gehört hat. Seitdem mache ich mir Sorgen um Herrn Lehmann, weil man in seinen Alter nicht mehr so schnell die Straße überqueren kann und Autofahrer nun mal so sind, wie sie sind (oftmals viel zu schnell und ohne Rücksichtnahme auf alte Katzen).

15 Wenn Sie Herrn Lehmann gesehen haben dann rufen Sie mich bitte an: 030/876543
Er hat rotes Fell, ein weißen Bauch und weiße Pfötchen.

Danke, ihre Mitbewohnerin Monika Meyer

Schreibkompetenz – Überarbeitung des Textes „Gesucht wird ..." Punkte

581 Auf dem Pinnzettel muss am Anfang stehen, wer Herr Lehmann ist.
Fügen Sie einen konkreten Hinweis in den ersten Satz ein. 1

_____

_____

582 In Zeile 3 wird das Wort „Naschen" in der Formulierung „Naschen für die Kinder" stilistisch ungeschickt verwendet.
Ersetzen Sie das Wort „Naschen" durch ein anderes passendes Nomen. 1

_____

_____

583 Im Text finden Sie folgende umgangssprachliche Wendungen.
Unterstreichen Sie diese und formulieren Sie sie in Standardsprache um.

Unterstreichung	Umformulierung	
a) „In dieser Zeit wird Herr Lehmann wohl abgehauen sein und ist bisher nicht zurückgekehrt." (Zeile 8 f.)		2
b) „Blöderweise hat mir nun auch noch eine Nachbarin erzählt, dass sie am Montag das Quietschen von Autobremsen gehört hat." (Zeile 10 f.)		2

584 In den folgenden Formulierungen gibt es je einen Rechtschreibfehler. Streichen Sie die Fehler durch und korrigieren Sie sie.

Streichung	Korrektur	
a) „Am 10. September 2007 war Herr Lehmann das letzte Mal bei mir zum essen zu Hause." (Z. 2 f.)		1
b) „Neben vielen anderen Sachen ... kaufte ich auch etwas leckeres für Herrn Lehmann." (Z. 3 f.)		1
c) „Danke, ihre Mitbewohnerin Monika Meyer" (Z. 17)		1

585 In der folgenden Formulierung gibt es einen Kasusfehler (falscher Fall). Streichen Sie den jeweiligen Fehler durch und korrigieren Sie ihn.

Streichung	Korrektur	
a) „Seitdem mache ich mir Sorgen um Herrn Lehmann, weil man in seinen Alter nicht mehr so schnell ..." (Z. 11 f.)		1
b) „Er hat rotes Fell, ein weißen Bauch und weiße Pfötchen." (Z. 16)		1

586 In dem folgenden Satz fehlen zwei Satzzeichen. Setzen Sie diese.   1

Wenn Sie Herrn Lehmann gesehen haben dann rufen Sie mich bitte
an: 030/876543

Lesekompetenz gesamt   **12**

6   Schreibkompetenz – Verfassen einer Nachricht nach dem umgekehrten Pyramidenprinzip

Sie sind Reporter einer Tageszeitung und sollen für die morgige Ausgabe eine Nachricht schreiben. Dazu haben Sie sich folgende Stichpunkte notiert:

```
 – Verlust des Schmuckes fiel erst nach
   Abfahrt der Müllabfuhr auf
 – bewahrte ihn in alter Schmuckkassette auf
 – wollte alte Schmuckkassette ausrangieren
   und kaufte neue
 – vergaß das Umräumen des Schmuckes
 – warf alte Schmuckkassette mit dem
   Familienschmuck in den Müll
 – 80-jähriger Rentner besaß Familienschmuck:
   60 Uhren, Ketten und Armbänder, im Wert
   von 40.000 Euro
 – Schmuck kann nicht mehr gefunden werden
```

Ein Reporter muss beim Schreiben zwei Bedingungen erfüllen:

• Er erhält in der morgigen Ausgabe der Zeitung Platz für einen Text von <u>65– 70 Wörtern</u>, um mit seinen Notizen eine Nachricht zu schreiben.
• Dabei muss seine Nachricht das folgende journalistische Prinzip erfüllen: <u>das umgekehrte Pyramidenprinzip</u> (vgl. Grafik unten).

TEXTANFANG:
wichtige Information
(Informationskern)

TEXTMITTE:
wichtige Zusatzinformationen
und interessante Details

TEXTENDE:
weniger wichtige
Einzelheiten

Quelle: IZOP, 4. Anlage 7

Schreibkompetenz – Verfassen einer Nachricht „In den Müll"   Punkte

Die Überschrift haben Sie bereits. Schreiben Sie nun die Nachricht.
Hilfreich ist es, zuerst die Notizen vom Stichpunktzettel nach ihrer Wichtigkeit zu nummerieren. Verwenden Sie alle Informationen.

In den Müll _____

_____

_____

_____

_____

_____

_____

_____

_____

_____

_____

_____

_____
_____
_____
_____
_____
_____
_____
_____
_____
_____
_____
_____
_____
_____
_____
_____
_____
_____

Anzahl der Worte: _____

681	Aufbau	4
682	Schreibfunktion	4
683	Textsorte	2
684	Format	2
685	Sprachliche Richtigkeit / Verständlichkeit	2
686	Schreibregeln / leserfreundliche Gestaltung	2
	Schreibkompetenz	**16**

Sie waren auf dem Oktoberfest und haben am nächsten
Tag in der Zeitung folgenden Artikel über sich gelesen:

Schweizer schlägt Geist in Geisterbahn k. o.

Ein schreckhafter Schweizer hat auf dem Münchner
Oktoberfest ein Gruselwesen in einer Geisterbahn
k. o. geschlagen. Er durchstach mit einem Holzstab
den Geist durch die Drähte eines Käfigs und beschä-
digte die Elektronik. Der Geist muss jetzt repariert
werden. Der Mann kam nach Zahlung einer Sicher-
heitsleistung auf freien Fuß.

Quelle: DER TAGESSPIEGEL vom 25. 09. 2007

Schreibkompetenz – Schreiben eines formalen Briefes

Schreiben Sie an den Besitzer der Geisterbahn einen Brief, in dem Sie sich entschuldigen. Begründen Sie Ihr Verhalten durch zwei Argumente, die Sie durch
Beispiele oder Belege stützen. Denken Sie dabei an die Anrede und die Grußformel.

_____   Zürich, den 30. Mai 2008

_____

_____

Herrn
Hubertus Meier
Auf den Wiesen
D-80993 München

Geisterbahn-Fahrt

_____

_____

_____

_____

Anzahl der Worte: _____

Lösungsvorschläge

1 **Unsere großen Nesthocker** *(Jörg von Irmer)*

Lesekompetenz – Aufgaben zu Text 1

101 Spätauszieher

⟋ *Hinweis: Da nur ein anderes Wort für „Nesthocker" genannt werden soll, darfst du „neuen" nicht nennen.*

102 Mögliche Beispiele:
  a) Eine Unbequemlichkeit des Alltags ist z. B. das selbstständige Saubermachen der Wohnung.
  b) Ein Risiko des Alltags wäre z. B. die Unfähigkeit, das Geld so einzuteilen, dass es für alle Rechnungen und den ganzen Monat reicht.

⟋ *Hinweis: Lies zuerst noch einmal den Textabschnitt, um dich über den konkreten Zusammenhang zu informieren (Z. 33–36). In diesem Abschnitt geht es speziell um die Unbequemlichkeiten und Risiken für junge Erwachsene, wenn sie aus dem „Elternhaus" (Z. 33) ausziehen. Es wird nun nach Beispielen aus deinem Vorwissen gefragt. Überlege dir, auf welche Pflichten man achten muss, wenn man bei den Eltern auszieht. Woran muss man nun selbst denken, um was muss man sich selbst kümmern? Leite daraus ab, was a) anstrengend/unangenehm und b) riskant ist. Beide Beispiele müssen so gewählt sein, dass diese Unbequemlichkeit/dieses Risiko nur in der eigenen Wohnung zutrifft. Im Elternhaus kann sie noch von anderen Personen übernommen werden. „Zeitiges Aufstehen" wäre somit falsch, denn diese Unbequemlichkeit ist nicht an die eigene Wohnung gebunden.*

103 Damit ist eine Aufgabe gemeint, die …
  ☒ zur eigenen Entwicklung gehört.

⟋ *Hinweis: Du kannst die richtige Antwort aus den Zeilen 3 f. ableiten. Wenn die „junge[n] Erwachsene[n] beschließen", später das Elternhaus zu verlassen, bedeutet das, dass es eine eigene Entscheidung ist. Somit sind die anderen Varianten nicht möglich.*

104 Das Auszugsalter hat sich in den letzten 30 Jahren verändert.

⟋ *Hinweis: Du findest die richtige Antwort in Z. 5 f. Es wird nach dem Zeitraum gefragt, in dem sich das Alter beim Auszug verschoben hat.*

105	**früher**	**heute**
Männer	(etwa) 21 Jahre	(etwa) 23 Jahre
Frauen	(etwa) 19 Jahre	(etwa) 21 Jahre

*▮ **Hinweis:** Du findest diese Angaben in Z. 5–9. Erst schreibt der Autor, dass sich das Auszugsalter um durchschnittlich zwei Jahre nach hinten verschoben hat. Dann benennt er das heutige Auszugsalter mit etwa 23 (Männer) und 21 Jahren (Frauen). Die fehlenden Angaben berechnest du.*

106 Nach Aussage des Textes (Z. 1–4) lässt sich der Auszug aus dem Elternhaus entwicklungspsychologisch gleichsetzen mit dem ...

[X] Gewinn von Unabhängigkeit.

*▮ **Hinweis:** Beziehe dich nur auf die Aussage in Z. 1–2. Du findest die richtige Antwort in Z. 1f.: „damit verbundene Unabhängigkeit".*

107 Zwei Fähigkeiten werden von „Nesthockern" häufig nicht erworben: Selbstständigkeit und Flexibilität.

*▮ **Hinweis:** Du findest die richtige Antwort in Z. 13f. In diesem Abschnitt wird die These erläutert, warum Spätauszieher in der Leistungsgesellschaft zu den Verlierern gehören könnten. Als Begründung werden die „Grundbedingungen Selbstständigkeit und Flexibilität" genannt.*

108 a) Beziehung auf gleicher Augenhöhe   **2**
     b) Gleichgewicht zwischen Unabhängigkeit des Kindes und
         Aufrechterhaltung der Beziehung   **3**
     c) Prozessablauf nicht ohne Konflikte   **4**
     d) weg vom Rollenverhalten als Eltern und Kind   **1**

*▮ **Hinweis:** Du findest die richtige Antwort im Text Z. 17–22. Lies dort noch einmal nach und unterstreiche dabei die genannten Stellen. Ordne die Nummern 1 bis 4 der jeweiligen Wortgruppe zu.*

109 Zum Prozess der Loslösung gehört die zunehmend selbstständige Entscheidung, wie man den Tagesablauf gestaltet. Einen Konflikt stellen daher die verschiedenen Vorstellungen von Eltern und jungen Erwachsenen dar, wann man zu Hause sein soll.

*▮ **Hinweis:** Hier musst du dein Vorwissen befragen. Überlege, worüber du oder deine Klassenkameraden häufig mit den Eltern streitest.*

110	Nesthocker	Frühauszieher
	werden in ihrer Unabhängigkeit von Eltern erst spät unterstützt (Z. 24 f.)	werden in ihrer Unabhängigkeit von Eltern früh unterstützt (analog zu Z. 24 f.)
	Familienmitglieder berichten insgesamt über weniger Konflikte (Z. 25 f.)	haben in der Familie häufiger Konflikte (analog zu Z. 25 f.)
	nur 20 % haben bereits mit 16 Jahren einen Partner (Z. 27 f.)	60 % haben bereits mit 16 Jahren einen Partner (Z. 27 f.)
	konfliktgeladener Aushandlungsprozess / Individuation / Loslösung von den Eltern während der Pubertät wird verhindert (Z. 28–31)	haben schon früh außerhalb der Familie enge Beziehungen (Z. 26 f.)
	sind unselbstständiger und unflexibler (Z. 13 f.)	sind selbstständiger und flexible (analog zu Z. 13 f.)

Hinweis: Lies noch einmal den Text und unterstreiche mit verschiedenen Farben je zwei Angaben zu Nesthockern bzw. Frühausziehern. Du kannst fehlende Angaben ergänzen. Trage diese entsprechend in der Tabelle ein. Die Zeilenangabe wird nicht verlangt, aber verdeutlicht dir, wo du die entsprechende Antwort findest.

111 Erwachsene Kinder bleiben zu Hause wohnen, wenn ihr Einkommen zu niedrig ist und die Eltern sie nicht unterstützen können.

Hinweis: Hier musst du dein Vorwissen befragen. Nenne einen finanziellen oder familiären Grund, weshalb man zu Hause nicht ausziehen kann. Zu den finanziellen Gründen zählt z. B. die Miete, die man nicht bezahlen kann. Vielleicht hat der junge Erwachsene kein eigenes oder nur ein geringes Einkommen. Ein familiärer Grund wäre z. B. die Hilfe, auf die die Eltern angewiesen sind. Vielleicht benötigen sie sogar die Pflege durch ihr Kind.

112 Aus psychologischer Sicht ist das Nesthocken problematisch, wenn ...

[X] Kinder von den Eltern emotional abhängig sind.

Hinweis: Du findest die richtige Antwort in Z. 41–43. Darin steht, dass „Nesthocken jedoch nur bedenklich [ist], wenn die erwachsenen Kinder von ihren Eltern lange und tief greifend emotional abhängig sind".

113 Der sprachliche Ausdruck „auf gleicher Augenhöhe" bedeutet eine Beziehung zu haben, in der beide Seiten gleichberechtigt sind.

Hinweis: In den Z. 18 f. geht es um die „Beziehung" zwischen Eltern und Kind. Gemeint ist damit das Verhältnis, das beide Parteien zueinander haben. Wenn sie miteinander reden oder diskutieren können, ohne dass eine Seite aufgrund ihrer höheren beruflichen (z. B. als Schulleiter) oder familiären Stellung (z. B. als Vater) automatisch recht hat, so haben sie eine gleichberechtigte Stellung „auf einer Augenhöhe". Die Parteien respektieren sich.

114 Der Auszug aus dem Elternhaus ist ein <u>folgenreicher</u> Schritt.

Hinweis: Alle Aussagen im Text beschäftigen sich mit den Folgen des frühen oder späten Ausziehens. Daher kannst du den Begriff „dramatisch" hier durch „folgenreich" ersetzen.

115 Der Stil des Verfassers ist …

[X] informierend.

Hinweis: Ein Verfasser schreibt nichts ohne Grund. Jeder Text soll eine bestimmte Funktion erfüllen. Dieser Text, „Unsere großen Nesthocker", soll das Wissen des Lesers über die Folgen des späten Auszugs aus dem Elternhaus erweitern. Der Autor Jörg von Irmer will die Leser informieren, daher ist die Darstellung weitgehend neutral. An den Leser soll nicht appelliert werden, eine bestimmte Meinung anzunehmen (= 2.), die Darstellung hat keinen erzählenden (= 3.) oder kommentierenden (= 4.) Stil.

Sprachwissen und Sprachbewusstsein – Aufgaben zu Text 1

153 Zum anderen sind diese jungen Erwachsenen …

Hinweis: Du findest die richtige Antwort in Z. 9. Die Formulierung „zum einen" deutet an, dass es zu einer ersten Aussage noch eine weitere gibt. Diese wird passend mit der Formulierung „zum anderen" eingeleitet. Die Aussagen gelten beide nebeneinander, die Adverbien stellen eine Gedankenbrücke her.

152 a) „Es <u>ist</u> jedoch eine Entwicklungsaufgabe, die immer häufiger nach hinten verschoben <u>wird</u>." **4**

b) „Nesthocker <u>werden</u> in ihrer Unabhängigkeit von den Eltern erst später unterstützt, und die Familienmitglieder <u>berichten</u> insgesamt über weniger Konflikte." **2**

c) „Eine weitere parallele Entwicklung der letzten Jahre <u>ist,</u> dass junge Erwachsene oft ohne große Einschränkungen im Elternhaus wohnen <u>können</u>." **3**

Hinweis: Unterstreiche in jedem Teilsatz die finite Verbform (das Verb mit Personalendung). Bestimme die Wörter, die die Teilsätze miteinander verbinden.

1. *Hauptsatz: Es gibt keinen allein stehenden Hauptsatz. Alle drei Beispiele bestehen aus mindestens zwei Teilsätzen.*

2. *Satzreihe/Satzverbindung: Bei einer Satzreihe/-verbindung werden nur Hauptsätze aneinandergereiht. Das sind die Teilsätze, in denen die finite Verbform auf Position 1 oder 2 steht. Die Teilsätze müssen nicht durch ein Komma getrennt werden. Das trifft nur auf Beispiel b) zu.*

3. *Satzgefüge mit Konjunktionalsatz: Bei einem Satzgefüge werden sowohl Hauptsätze als auch Nebensätze miteinander verbunden. Die Verbindung soll hier durch eine Konjunktion eingeleitet werden. Das trifft nur auf Beispiel c) zu. Die Konjunktion lautet „dass".*

4. *Satzgefüge mit Relativsatz: Die Verbindung zwischen dem Haupt- und Nebensatz soll durch ein Relativpronomen eingeleitet werden. Das trifft nur auf Beispiel a) zu. Das Relativpronomen lautet „die".*

153 zunehmend, verstärkt, häufiger, immer mehr

Hinweis: Die Satzaussage darf nicht verändert werden. Es muss eine Steigerung/Verstärkung deutlich werden. Überprüfe deshalb deine Antwort, indem du sie in den Satz einfügst: z. B. „ ...aber auch zunehmend *in der Mittelschicht anzutreffen ...". Falsch wäre dagegen: „ ...aber auch oft in der Mittelschicht anzutreffen ...", denn so wird keine Steigerung ausgedrückt.*

154 • -ung: Beziehung
   • -keit: Unabhängigkeit

Hinweis: Es gibt verschiedene typische Nomen-Endungen. „-heit" und „-schaft" werden dir vorgegeben. Außerdem kennst du noch „-keit", „-nis" und „-ung". Du findest die richtige Antwort im Text Z. 12–22:
-keit: Selbstständigkeit (Z. 13), Unabhängigkeit (Z. 20),
-ung: Grundbedingungen (Z. 13), Beziehung (Z. 16) oder Umstrukturierung (Z. 17),
-nis: in diesem Textabschnitt nicht vorhanden;
Es wird jeweils nur ein Beispiel gefordert.

155 a) „Auffällig ist an der Entwicklung zweierlei: Zum einen ..." (Z. 5)
        Regel: Großschreibung nach Doppelpunkt, wenn ein ganzer Satz folgt
     b) „Vor allem die ... müssen deshalb in den Blick genommen werden."
        (Z. 15 f.); Regel: Nomen (erkennbar am Artikel)

c) „Dieser Prozess läuft nicht ohne Konflikte ab." (Z. 21)
Regel: Satzanfang

d) „Nur das Führen von Partnerschaften kann dadurch erschwert werden."
(Z. 38 f.); Regel: Nominalisierung eines Verbs

✓ Hinweis: zu a) Schau dir den gesamten Satz noch einmal an. Dann erkennst du, dass nach dem Doppelpunkt keine Wortgruppe, sondern ein sogenannter Ganzsatz beginnt.
zu b) Es reicht nicht, wenn du den begleitenden Artikel „den" aufschreibst.
zu c) Es handelt sich um ein Demonstrativpronomen, das durch seine Stellung am Satzanfang großgeschrieben wird.
zu d) Eine Nominalisierung schreibt man groß. Es reicht nicht, wenn du den Artikel „das" hinschreibst, ohne zu erklären, was er bewirkt.
Du darfst in der Prüfung ein Wörterbuch benutzen. Dort gibt es ein Kapitel zur Groß- und Kleinschreibung. Falls du am Ende der Prüfung noch Zeit hast, kannst du hier überprüfen, ob deine Antworten richtig sind.

156 a) „Dieser Prozess läuft nicht ohne Konflikte ab." (Z. 21 f.)

b) „Nur das Führen von Partnerschaften kann dadurch erschwert werden."
(Z. 38 f.)

✓ Hinweis: Das Subjekt ist der „Täter" im Satz, also derjenige (oder dasjenige), der handelt. Nicht nur eine Person, auch eine Sache kann „handeln". Es kann durch die Frage „Wer oder was?" bestimmt werden. Du kannst das vollständige Subjekt ermitteln durch das probeweise Verschieben der Wörter. Alle Wörter, die zu einem Satzglied gehören, wandern immer gemeinsam auf eine andere Position. Im Satz b) zählt nur „das Führen" als unvollständige Antwort, und es gibt keinen Punkt.

157 a) „Dieser beschreibt eine grundlegende Umstrukturierung der Beziehung." (Z. 17 f.)

b) „Nesthocker werden in ihrer Unabhängigkeit von den Eltern erst später unterstützt." (Z. 24 f.)

✓ Hinweis: Die finite Verbform ist die Verbform mit der Personalendung. Achtung, es wird nicht nach dem Prädikat gefragt, das besteht im Satz b) aus dem finiten Hilfsverb „werden" und dem Vollverb „unterstützt". Sind beide Verbformen unterstrichen, ist die Aufgabe nicht richtig beantwortet und es gibt keinen Punkt.

158 „Aber es gibt unvermeidliche ökonomische oder familiäre Bedingungen, die dazu führen, dass Kinder zu Hause wohnen bleiben." (Z. 45 f.)

Hinweis: Konjunktionen (Bindewörter) können Wörter oder Wortgruppen miteinander verbinden. „Aber" und „dass" verbinden Wortgruppen, „oder" die Wörter „ökonomische" und „familiäre". „Die" ist keine Konjunktion, sondern ein Relativpronomen und steht als Stellvertreter für „unvermeidliche ökonomische und familiäre Bedingungen".

159

Präsens	er „beschreibt" (Z. 17)
a) Präteritum	er beschrieb
b) Futur I	er wird beschreiben

Hinweis: „Beschreiben" ist ein starkes Verb. Die Zeitform Präteritum (einfache Vergangenheit) bildet man, indem man den Stammvokal ändert: „ei" → „ie". Die Zeitform Futur I (Zukunft) bildet man mit dem Hilfsverb „werden" und dem Infinitiv „beschreiben".

160 [X] Es wird vermutet, dass Nesthocker zu den Verlierern der Leistungsgesellschaft gehören könnten.

Hinweis: Die richtige Lösung findest du, wenn du zwei Wörter näher anschaust: „könnten" und „These". Das Verb „könnten" steht im Konjunktiv II (Möglichkeitsform). Der Konjunktiv II wird benutzt, um eine Unsicherheit oder nicht erfüllte Bedingung auszudrücken. Eine „These" ist eine Behauptung oder Vermutung, deren Wahrheit bewiesen werden muss oder wurde.

161 [X] Präsens

Hinweis: Die Antwort findest du in jedem Satz. Schau dir an, in welcher Zeitform die Verben stehen: Präsens.

162 Familienbeziehungen (Z. 23), Frühausziehern (Z. 23), Familienmitglieder (Z. 25), Aushandlungsprozess (Z. 29), Nesthockerfamilien (Z. 30)

Hinweis: Es sind nur drei Lösungen erforderlich.

163 „Dieser Prozess läuft nicht ohne Konflikte ab." (Z. 21 f.)

Hinweis: Ein Präpositionalobjekt ist ein Objekt (Satzglied), zu dem eine Präposition gehört. Hier fragst du: „Womit läuft dieser Prozess nicht ab?" Die Antwort ist das Präpositionalobjekt: „ohne Konflikte".

Lesekompetenz – Aufgaben zu Text 2

201 ☒ für Insekten

Hinweis: Von Z. 2–5 wird im Text erläutert, für wen der Begriff „Nesthocker" (und „Nestflüchter") verwendet wird: Vögel (Z. 2), Säugetiere (Z. 4) und Fische (Z. 4). Insekten werden im Text nicht genannt.

202 Der Begriff „Nesthocker" stammt ursprünglich aus der Verhaltensforschung.

Hinweis: Du findest die richtige Antwort in Z. 1.

203 Der Begriff „Nesthocker" ist seit den 90er-Jahren nicht mehr nur für Tiere gebräuchlich.

Hinweis: Du findest die richtige Antwort in Z. 8–10. Darin steht, dass der Begriff seit den 90er-Jahren auch in der Alltagssprache und in der populärwissenschaftlichen Literatur gebräuchlich ist.

204 Die Nesthocker können sich nicht selbst mit Nahrung versorgen.

Hinweis: Es wird nach einem Beispiel aus deinem Alltagswissen gefragt. Überlege dir, welche Aufgaben der Nesthocker selbstständig schaffen muss, wenn er plötzlich nicht mehr zu Hause bei Mutter und Vater lebt.

205 Das Nesthocken gilt nur als bedenklich, wenn die erwachsenen Kinder und ihre Eltern emotional voneinander abhängig sind und sich nicht auf gleicher Augenhöhe begegnen. (vgl. Z. 41–43)

Hinweis: Weitere Antwortmöglichkeiten sind die unvermeidlichen ökonomischen oder familiären Bedingungen, „die dazu führen, dass Kinder zu Hause wohnen bleiben" (Z. 45 f.).

3 Wohnungsanzeigen

Lesekompetenz – Aufgaben zur Grafik „Wohnungsanzeigen"

Hinweis: Bevor du die Aufgaben löst, nummeriere die Spalten von links nach rechts und die Zeilen von oben nach unten mit 1 beginnend, damit du die Hinweise zu den Lösungen leichter findest.

301 Kuglerstraße 6.

Hinweis: In der Aufgabe werden <u>drei Bedingungen</u> für die Wohnung von *Felix und seiner Freundin genannt:*

1. *Es soll eine <u>Einzimmerwohnung</u> sein. In dem Zeitungsausschnitt werden nur Einzimmerwohnungen aufgelistet, wie du in Spalte 1 erkennst. Also fällt durch diese Bedingung keine Wohnung heraus.*

2. *Die Wohnung soll <u>mindestens 44 m²</u> groß sein. Die Angaben zur Wohnungsgröße findest du in Spalte 3 (m²). Es kommen alle Wohnungen ab Zeile 8 (Kuglerstraße 6) infrage.*

3. *Die Wohnung soll nicht teurer als <u>260 € Warmmiete</u> sein. Die Angaben zur Miethöhe findest du in den Spalten 4 (Miete warm/kalt) und 5 (NK/Bek). Es kommt nur noch die Wohnung in Zeile 8 (Kuglerstraße 6) infrage, denn diese kostet 199 € Warmmiete (inklusive Nebenkosten/Betriebskosten). Alle anderen Wohnungen ab Zeile 8 sind teurer. Auch die Wohnung in Zeile 10 (Szenelage – sehr ruhig) ist teurer, denn diese kostet bereits 260 € Kaltmiete.*

302 Wichertstr. 1/Lychener Str. 74

Hinweis: Die Antworten stehen in Spalte 7: weitere Infos. In den Zeilen 2 (Wichertstr. 1) und 14 (Lychener Str. 74) findest du jeweils als letzte Information einen Termin zur Besichtigung: Sa. Bes. = Samstagsbesichtigung und So. Bes. = Sonntagsbesichtigung.

303 a) Für diese Wohnung wird keine Provision verlangt.

Hinweis: Die richtige Antwort findest du in Spalte 6 (Pr). Die Symbole in dieser Spalte (+ oder 0) werden in der Abkürzungslegende erklärt: „+ (Pr)" bedeutet mit Provision, „0 (Pr)" bedeutet ohne Provision. Zur Wohnung Winsstr. (Zeile 5) findest du den Hinweis „0", also keine Provision. Das heißt, der neue Mieter muss für die Vermittlung dieser Wohnung kein Geld bezahlen.

b) Die Abkürzung „3 MMK" bedeutet drei Monatsmieten Kaution.

Hinweis: Die Antwort findest du in der Abkürzungslegende: MMK bedeutet Monatsmiete(n) Kaution. Die Zahl 3 bezieht sich auf die Höhe der Kaution.

304 Esmarchstr. 23/Finnländische Str. 10

Hinweis: Die richtige Antwort findest du in Spalte 7. In der Legende wird erklärt, dass Wohnungen im Vorderhaus mit VH abgekürzt werden. Diese Information findest du für die Wohnung in der Esmarchstr. 23 (Z. 9) und für die in der Finnländischen Str. 10 (Z. 15)

305 Wie: telefonisch per Handy 0172/3133133
Wann: am Montag von 10.00 bis 13.00 Uhr

Hinweis: Du findest die richtigen Angaben in den Spalten 8 (Anbieter) und 9 (Telefon). In Spalte 8 erfährst du, dass die Wohnung von privat angeboten wird und diese Person am Montag von 10.00 bis 13.00 Uhr telefonisch erreicht werden kann. In Spalte 9 steht eine Handynummer: 0172/3133133.

306 Der Anbieter der Dachgeschosswohnung heißt „Forfeigt Immobilien".

Hinweis: In der Abkürzungslegende wird erklärt, dass das Symbol △ für eine Wohnung im Dachgeschoss steht. Dieses gibt es bei den angebotenen Wohnungen nur ein Mal: in Z. 7, Danziger Straße. Den Namen des Anbieters findest du in Spalte 8: Forfeigt Immobilien.

307 [X] zwei Wohnungen

Hinweis: Es werden zwei Bedingungen für die Wohnung genannt: Sie muss größer als 40 m² sein und einen Balkon haben.
Die Angaben zur Wohnungsgröße findest du in Spalte 3 (m²). Die Wohnungen ab Zeile 5 (Winsstr.) sind größer als 40 m².
Die Angaben zum Balkon findest du in Spalte 7 (weitere Infos), entweder als „Balkon" oder mit der Abkürzung „Bk".
Die Wohnungen in Zeile 6 (Kopenhagener Str. 32) und in Zeile 11 (Heinz-Bartsch-Str. 16) sind größer als 40 m² und haben einen Balkon. Auf diese zwei Wohnungen treffen die gesuchten Bedingungen zu.
Die Wohnung in Zeile 4 (Bötzowstr. 18) hat auch einen Balkon, aber ist nur 36 m² groß. Deshalb ist diese Wohnung nicht richtig.

308 a)

	Bad mit Dusche oder Wanne	Balkon	Küche oder Einbau- küche	nicht über 350 € warm inkl. Neben- kosten
Bötzowstraße	+	+	+	−
Finnländische Straße	+	−	+	−
Kopenhagener Straße	+	+	+	+

Hinweis: Die richtigen Antworten stehen in den Spalten 7 (weitere Infos) und 4/5 (Miete bzw. NK/Bek).
In der Zeile 4 findest du die Wohnung in der Bötzowstraße. Sie hat eine Einbauküche (EBK), ein modernisiertes Wannenbad (mod. W-B), einen Balkon (Bk) und kostet 368 €, bestehend aus 308 € Warmmiete plus 60 € Neben-

kosten. *Auf diese Wohnung treffen die ersten drei Bedingungen zu, die letzte nicht.*
Die Wohnung in der Finnländischen Straße ist in Zeile 15 beschrieben. Sie hat eine geflieste Dusche (gefl. Du) und eine große Küche (gr. Kü), jedoch keinen Balkon. Sie kostet 395 € Warmmiete inklusive Nebenkosten. Auf diese Wohnung treffen nur die erste und die dritte Bedingung zu.
Die Wohnung in der Kopenhagener Straße (Zeile 6) hat eine Dusche, eine Einbauküche und einen Balkon. Sie kostet 287 € Warmmiete plus 61,50 € Nebenkosten, insgesamt also 348,50 € Gesamtmiete. Auf diese Wohnung treffen alle vier Bedingungen zu.

b) Die Wohnung in der Kopenhagener Straße erfüllt die meisten Bedingungen.

4 Besuch vom Lande *(Erich Kästner)*

Lesekompetenz – Aufgaben zum Gedicht „Besuch vom Lande"

401 [X] Reisende vom Lande

Hinweis: Du findest die richtige Antwort im Titel des Gedichts: „Besuch vom Lande". Mit dem „Besuch" sind „Reisende" gemeint.

402 Berlin wird hier als eine Stadt beschrieben, die Touristen die Möglichkeit bietet, …

[X] Eindrücke zu gewinnen, die verwunderlich und beängstigend sind.

*Hinweis: Du findest für diese Lösung mehrere Hinweise im Gedicht. V. 1: „Sie stehen <u>verstört</u> am …", V. 9: „Sie möchten <u>am liebsten zu Hause sein</u>.", V 16: „Sie machen vor <u>Angst</u> die Beine krumm." Diese drei Eindrücke machen deutlich, dass die Touristen sich **nicht** wohlfühlen (= 1. Antwort), **keinen** Abstand vom Alltag gewinnen (= 2. Antwort) und sich **nicht** in Ruhe die Sehenswürdigkeiten ansehen (= 3. Antwort).*

403 Die Personen befinden sich am Potsdamer Platz.

Hinweis: Die richtige Antwort findest du in V. 1 und in V. 19: am Potsdamer Platz.

404 a) Eine positive Reaktion: staunen

Hinweis: Die richtige Antwort findest du in V. 6. Das Verb „staunen" bedeutet auch: vor etwas bewundernd stehen.

b) Eine negative Reaktion: sie finden Berlin zu laut, möchten am liebsten zu Hause sein, machen alles verkehrt

Hinweis: Es gibt mehrere richtige Antworten im Text. Du musst nur ein Beispiel aufschreiben. Die Lösungsvorschläge findest du in V. 2, 9 und 17.

405 Berlin wird im Gedicht als eine Stadt beschrieben, die ...

	richtig	falsch
a) viele verkehrsberuhigte Zonen hat.	☐	☒
b) laut und lebhaft ist.	☒	☐
c) schmutzig und unattraktiv ist.	☐	☒
d) nachts immer hell erleuchtet ist.	☒	☐

Hinweis: Bei dieser Aufgabe musst du überprüfen, ob Berlin im Gedicht so beschrieben wird, die Aussage also richtig oder falsch ist. Zu Aussage a) gibt es keine Angabe im Text. Zu b) gibt es mehrere Hinweise: „zu laut" (V. 2), „rasseln", „schrein" (V. 8), „stöhnt" (V. 11), „dröhnt" (V. 13) und „zu wild" (V. 15). Zu Aussage c) wird im Text wiederum nichts gesagt. Dass „[d]ie Häuser funkeln"(V. 13) spricht dagegen. Zu Aussage d) steht im Text: „Die Nacht glüht auf in Kilowatts."(V. 3) Das bedeutet, dass nachts Energie verbraucht wird, um etwas zum Leuchten zu bringen.

406 Stilmittel

	Nummer
a) „Die Autos schrein."(V. 8)	2
b) „Sie wissen vor Staunen nicht aus und nicht ein./ Sie stehen und wundern sich bloß." (V. 6 f.)	3

Hinweis: Die wichtigsten Hinweise sind in der Aufgabenstellung enthalten. Überprüfe, ob die Hinweise auf das Beispiel a) bzw. b) zutreffen.
1. *Alliteration: In beiden Beispielen sind die Anfangsbuchstaben von aufeinanderfolgenden Wörtern verschieden. Es gibt keine Alliteration.*
2. *Personifikation: Beispiel a) beschreibt Autos, die sich wie Menschen verhalten (= schreien) und so personifiziert werden. Im Beispiel b) werden Menschen beschrieben. Hier liegt keine Personifikation vor.*
3. *Anapher: Beispiel a) besteht nur aus einem Vers, daher kann man keinen Versanfang vergleichen. Es liegt keine Anapher vor. Im Beispiel b) findest du zwei Versanfänge. Sie beginnen beide mit dem Personalpronomen „sie". Der Autor verwendet hier eine Anapher.*

407 a) ein Verb oder Adjektiv für Lautstärke: rasseln, schreien, stöhnen, dröh-
nen, laut

*Hinweis: Überlege dir, welche Verben oder Adjektive im Gedicht ein
lautes Geräusch beschreiben. Du brauchst nur ein Beispiel zu notieren.*

b) ein Verb oder Adjektiv für Helligkeit: glühen, funkeln

*Hinweis: Überlege dir, welche Verben oder Adjektive im Gedicht etwas
als hell oder leuchtend beschreiben. Du brauchst nur ein Beispiel zu notieren.*

408 Im Vergleich zu Berlin empfinden die Besucher das Leben in ihrem Heimatort offensichtlich als ...

☒ weniger anstrengend.

*Hinweis: Hier soll eine Aussage getroffen werden, wie die Besucher das
Leben „zu Hause" im Vergleich zu Berlin empfinden. Du findest die richtige Antwort im Text V. 9f.: „Sie möchten am liebsten zu Hause sein./ Und
finden Berlin zu groß." V. 14f.: „Sie sind das alles so gar nicht gewöhnt./Und finden Berlin zu wild." Alle Verse drücken aus, dass sich die
Besucher in Berlin nicht wohlfühlen und das Leben in ihrem Heimatort als
weniger anstrengend (= 4. Antwort) empfinden.*

409 Im Gedicht ...

		richtig	falsch
a)	wird die Stadt Berlin als sympathische, menschenfreundliche Stadt dargestellt.	☐	☒
b)	wird die Angst, die Berlin als Stadt bei den Besuchern auslöst, deutlich.	☒	☐
c)	wird der Potsdamer Platz als hektischer und betriebsamer Ort beschrieben.	☒	☐
d)	werden die Berliner beschrieben, wie sie ihren Alltag in der Großstadt genießen.	☐	☒

*Hinweis: Bei dieser Aufgabe musst du überprüfen, ob jede Aussage im
Gedicht so genannt wird, also richtig oder falsch ist. Zu Aussage a) gibt es
keinen Hinweis im Text. Zu Aussage b) gibt es mehrere Hinweise im Text:
„verstört" (V. 1), „möchten am liebsten zu Hause sein" (V. 9), „lächeln bestürzt" (V. 18), „warten dumm" (V. 18). Zu Aussage c) gibt es mehrere
Hinweise im Text: „am Potsdamer Platz ... zu laut" (V. 1f.), „Bahnen ras-*

seln ... Autos schrein" (V. 8), „U-Bahn dröhnt" (V. 13). Zu d) gibt es kei-
nen Hinweis im Text.

410 Im Gedicht werden die Besucher vom Land auf ironische Weise lächerlich
gemacht.

✏ *Hinweis: Das Gedicht beschreibt, wie sich „Besuch vom Lande" auf dem*
Potsdamer Platz fühlt und verhält. Besonders in Vers 4 wird deutlich, wie
die Touristen versuchen, mit der Situation zurechtzukommen, und es ihnen
bis zum Schluss nicht gelingt.

Sprachwissen und Sprachbewusstsein – Aufgaben zum Gedicht

451 „Und finden Berlin zu laut."

✏ *Hinweis: Dieser Satz (V. 2) ist unvollständig, denn das Subjekt fehlt. Es*
wird in Vers 1 (sie) genannt. Für unvollständige Sätze gibt es weitere Bei-
spiele: „Und zeigt entsetzlich viel Haut." (V. 5), „Und finden Berlin zu
groß." (V. 10) oder „Und finden Berlin zu wild." (V. 15)

452 verwirrt, hilflos, irritiert, durcheinander, orientierungslos

✏ *Hinweis: Es gibt mehrere Antwortmöglichkeiten. Wichtig ist, dass die Hilf-*
losigkeit der Besucher deutlich wird. Zudem findest du einen Hinweis im
Wörterbuch.

453 „Komm mit, mein Schatz!"

✏ *Hinweis: Die direkte Rede heißt auch „wörtliche Rede" und ist an den*
Anführungszeichen zu erkennen. Du findest die richtige Antwort im Text
(V. 4). Achte darauf, dass du die Anführungszeichen aufschreibst!

454 Und

✏ *Hinweis: Konjunktionen sind Bindewörter, die Wörter, Wortgruppen oder*
Satzteile miteinander verbinden. Normalerweise wird „und" nicht als Satz-
anfang verwendet.

455 „Es klingt, als ob die Großstadt stöhnt,/weil irgendwer sie schilt." (V. 11 f.)

✏ *Hinweis: In dieser Aufgabenstellung ist ein Fehler unterlaufen, keine*
Antwort ist richtig. Der erste Teilsatz ist ein Hauptsatz, der zweite und drit-
te jeweils ein Gliedsatz. Die Antworten geben vor, dass es einen einge-
schobenen Teilsatz gibt. Diesen gibt es aber nicht, denn dann müsste der
Teilsatz vom Satzanfang nach dem Einschub weitergehen.

Die 1. Antwort wurde als richtig gewertet, denn es handelt sich um einen Gliedsatz. Die 2. Antwort wurde als falsch gewertet, denn der eingeschobene Satz ist kein Hauptsatz. Das finite Verb steht an letzter Stelle. Die 3. Antwort wurde als richtig gewertet, die 4. Antwort als falsch, denn es gibt hier keinen Infinitivsatz.
Richtig gewertet wurde auch, wenn man keine Antwort angekreuzt hatte.

456 durcheinander, ungeregelt

Hinweis: Setze die genannten Synonyme in die Textstelle ein. Achte darauf, dass der Textsinn/die Aussage nicht verändert wird.

457 „Sie möchten am liebsten zu Hause sein" (V. 9)

[X] ein Wunsch

Hinweis: Die Formulierung „möchten am liebsten" weist auf einen Wunsch hin.

5 Schreibkompetenz – Überarbeiten eines Pinnzettels

Schreibkompetenz – Aufgaben zur Überarbeitung des Textes „Gesucht wird"

581 Am 10. September 2007 war meine Katze mit Namen „Herr Lehmann" das letzte Mal bei mir zum Essen zu Hause.

Hinweis: Du findest zwei Hinweise im Text, wer Herr Lehmann ist: „alte Katzen" (Z. 14) und „rotes Fell, einen weißen Bauch und weiße Pfötchen" (Z. 16).

582 Süßigkeiten für die Kinder

Hinweis: Überlege dir, was Kinder naschen: Süßigkeiten, Süßes, Naschereien. Du musst einen Oberbegriff nennen, nicht Schokolade, Bonbons oder Kaugummi.

583	Unterstreichung	Umformulierung
a)	„In dieser Zeit wird Herr Lehmann wohl <u>abgehauen</u> sein und ist bisher nicht zurückgekehrt." (Z. 8 f.)	In dieser Zeit wird Herr Lehmann wohl <u>verschwunden/davongelaufen</u> sein und ist bisher nicht zurückgekehrt.
b)	„<u>Blöderweise</u> hat mir nun auch noch eine Nachbarin erzählt, dass sie am Montag das Quietschen von Autobremsen gehört hat." (Z. 10 f.)	<u>Unglücklicherweise/Leider</u> hat mir nun auch noch eine Nachbarin erzählt, dass sie am Montag das Quietschen von Autobremsen gehört hat.

Hinweis: Die Worte „abgehauen" und „blöderweise" sind umgangssprachliche Wendungen. Unterstreiche sie in der linken Spalte. Sie müssen gegen ein Wort aus der Standardsprache ausgetauscht werden. Falls dir das schwerfällt, stell dir vor, du willst deinem/r Deutschlehrer/in diesen Text schreiben. Für „abhauen" sieh im Duden nach.

584	Streichung	Korrektur
a)	„Am 10. September 2007 war Herr Lehmann das letzte Mal bei mir zum ~~essen~~ zu Hause." (Z. 2 f.)	„Am 10. September 2007 war Herr Lehmann das letzte Mal bei mir zum <u>Essen</u> zu Hause."
b)	„Neben vielen anderen Sachen ... kaufte ich auch etwas ~~leckeres~~ für Herrn Lehmann." (Z. 3 f.)	„Neben vielen anderen Sachen ... kaufte ich auch etwas <u>Leckeres</u> für Herrn Lehmann."
c)	„Danke, ~~ihre~~ Mitbewohnerin Monika Meyer" (Z. 17)	„Danke, <u>Ihre</u> Mitbewohnerin Monika Meyer"

Hinweis: zu a) In der Wortgruppe „zum Essen" stellt „Essen" eine Nominalisierung dar und wird großgeschrieben.
zu b) In der Wortgruppe „etwas Leckeres" stellt „Leckeres" eine Nominalisierung dar und wird deshalb großgeschrieben. Du erkennst es auch an dem vorangehenden Wort „etwas".
zu c) Das Possessivpronomen „Ihre" ist eine Höflichkeitsform und wird deshalb immer großgeschrieben.

585	Streichung	Korrektur
a)	„Seitdem mache ich mir Sorgen um Herrn Lehmann, weil man in ~~seinen~~ Alter nicht mehr so schnell ...“ (Z. 11 f.)	„Seitdem mache ich mir Sorgen um Herrn Lehmann, weil man in <u>sei-nem</u> Alter nicht mehr so schnell ...“
b)	„Er hat rotes Fell, ~~ein~~ weißen Bauch und weiße Pfötchen.“ (Z. 16)	„Er hat rotes Fell, <u>einen</u> weißen Bauch und weiße Pfötchen.“

Hinweis: zu a) Die Präposition „in“ verlangt den Dativ für das folgende Nomen und seinen Artikel: sein Alter – In welchem Alter? oder In wem oder was? – in seinem Alter.

zu b) Das Verb „haben“ benötigt ein Akkusativobjekt, um einen sinnvollen Satz zu bilden: ein weißer Bauch – wen oder was hat er? – Er hat einen weißen Bauch.

586 Wenn Sie Herrn Lehmann gesehen haben <u>,</u> dann rufen Sie mich bitte an: 030/87 65 43 <u>.</u>

Hinweis: Das Komma trennt den Nebensatz vom Hauptsatz. Der Punkt zeigt das Satzende an.

6 Schreibkompetenz – Verfassen einer Nachricht „In den Müll“

In den Müll

Ein 80-jähriger Rentner warf Schmuck im Wert von 40 000 € in den Müll. Die 60 Uhren, Ketten und Armbänder wurden bisher in einer alten Schmuckkassette aufbewahrt. Der Familienschmuck sollte in einen neu gekauften Behälter umgeräumt werden. Jedoch vergaß der Rentner dies und warf die alte Schmuckkassette mitsamt dem Inhalt weg. Den Verlust bemerkte er erst nach Abfahrt der Müllabfuhr. Leider kann der wertvolle Schmuck nicht mehr gefunden werden.

*Hinweis: Einige wichtige Informationen **zum Lösen der Aufgabe** findest du in der Aufgabenstellung. Du sollst **eine Nachricht** schreiben. Eine Nachricht informiert kurz und knapp über ein aktuelles Ereignis. Sie hat keinen persönlichen Bezug, darf also von dir nicht kommentiert werden. Außerdem muss sie einen bestimmten **Aufbau** haben. Am <u>Textanfang</u> soll gesagt werden, was passiert ist (Was? Wer? Wann? und Wo?). Danach folgen in der <u>Textmitte</u> Informationen über Einzelheiten, z. B. wie und warum etwas passiert ist. Achte auf den richtigen zeitlichen Ablauf. An das <u>Ende des Textes</u> kommen weniger wichtige Einzelheiten. Der <u>Satzbau</u> ist einfach und knapp, die <u>Zeitform</u> ist das Präteritum.*

*Weiterhin erfährst du aus der **Aufgabenstellung**, dass du 65–70 Wörter schrei-*
ben darfst und alle Informationen auf dem Stichpunktzettel verwenden sollst.
Daher ist es sinnvoll, die Notizen auf dem Stichpunktzettel <u>nach ihrer Wichtigkeit</u>
<u>zu ordnen</u>. Unterstreiche außerdem die vier wichtigsten Informationen für den
*Textanfang. Bei einem so kurzen Text musst du ganz besonders auf die **sprachli-***
***che Richtigkeit und die Verständlichkeit** deiner Sätze achten. Am besten formu-*
lierst du deine Nachricht auf einem Schmierblatt vor. Überprüfe anschließend,
ob du alle Informationen auf dem Stichpunktzettel verwendet hast und sie auch
*in der richtigen **Reihenfolge** genannt werden. Zähle die Wörter, da du beim*
Über- oder Unterschreiten der Wortzahl Punkte abgezogen bekommst.
*In der **Musterlösung** siehst du, dass die <u>wichtigsten Informationen</u> darin beste-*
hen, dass der Rentner Schmuck im Wert von 40 000 € in den Müll geworfen
hat. Diese Kerninformationen bilden den ersten Satz. Es gibt bei den Stichpunk-
ten keine Informationen über den Zeitpunkt (Wann?) und Ort (Wo?) des Vorfalls.
In der <u>Textmitte</u> wird erklärt, wie es zum Wegwerfen des Familienschmucks kam.
Achte darauf, die Wörter „Schmuck“ und „Schmuckkassette“ durch andere Wör-
ter oder Wortgruppen zu ersetzen, dadurch kommt es nicht zu ständigen Wort-
wiederholungen. Am <u>Textende</u> wird nur berichtet, dass der Schmuck nicht mehr
aufgefunden werden kann.

7 Schreibkompetenz – Verfassen eines formalen Briefes

Fritz Hinterseer	Zürich, den 30. Mai 2008	Absenderadresse und
Berner Weg 5		Datum
8315 Lindau / Zürich		
Schweiz		

Herrn	
Hubertus Maier	Empfängeradresse
Auf den Wiesen	
D-80993 München	

Geisterbahnfahrt	Bezug / Thema

Sehr geehrter Herr Maier,	Anrede

hiermit möchte ich mich nochmals für den Vorfall in Ihrer · Sachlage
Geisterbahn entschuldigen und versuchen, mein Verhalten
zu erklären.
Erstens konnte ich nicht richtig sehen, da ich kurz vor dem
Zusammentreffen mit dem Gruselwesen stark geblendet
wurde und mich nun wieder in einem völlig dunklen Raum

befand. Es war nicht deutlich, dass ein elektronisch hoch sensibles Gerät auf mich zukam.

Außerdem habe ich mich erschrocken. Die Effekte waren so echt, dass ich dachte, ein Mensch steht vor mir und greift mich an. Wie in Notwehr griff ich nach einem Gegenstand, um den vermeintlichen Angreifer von mir fernzuhalten.

Es tut mir sehr leid, dass ich Ihnen solche Umstände gemacht habe, und hoffe, Ihr Geisterwesen wurde erfolgreich repariert!

Mit freundlichen Grüßen   Grußformel

Fritz Hinterseer   Unterschrift

✏ *Hinweis: Du sollst hier eine **Stellungnahme** in Form eines Briefes schreiben. Es geht um einen Sachschaden, den du hervorgerufen hast, und für den du dich entschuldigen willst.*

Vergiss nicht, deinen Text mit der üblichen Anrede zu beginnen und zu beenden (Sehr geehrter Herr Maier, ... Mit freundlichen Grüßen ...).

*Welche **Position** du vertreten sollst, ist schon vorgegeben: Du willst dich für das Zerstören der Figur in der Geisterbahn entschuldigen und dein Verhalten erklären. Beginne deinen Brief mit der **Entschuldigung** und dem Nennen deiner Absicht.*

*Laut Aufgabenstellung sollst du **zwei Argumente** für dein Verhalten ausformulieren. Die Argumente und Belege/Beispiele sollen aus deinem Alltagswissen kommen. Der Text in der Musterlösung ist folgendermaßen aufgebaut:*

***1. Argument:** Der Fahrgast konnte nicht richtig sehen.*

***2. Argument:** Der Fahrgast hatte sich erschrocken und handelte in Notwehr.*

***Andere Möglichkeiten** der Argumentation wären z. B. die Angst vor Berührung durch das Gruselwesen, der vorherige Alkoholkonsum des Fahrgastes oder die Erinnerung an eine ähnliche, aber reale Situation.*

*Am **Schluss** bietet es sich an, deiner Entschuldigung Nachdruck zu verleihen und einen positiven Wunsch zu formulieren. Bleibe höflich und verwende keine Umgangssprache.*

*Beachte auch, dass du dich in die **Rolle des Sachbeschädigers** hineinversetzt. Du bist dir deiner Schuld bewusst und versuchst nicht, den Geisterbahnbesitzer für das zerstörte Gruselwesen verantwortlich zu machen.*

*Die Länge des Textes ist nicht vorgegeben. Es genügen zwei bis drei Sätze für jedes Argument. Achte darauf, jeweils ein Beispiel oder einen Beleg zu nennen. Bringe deine Argumente in eine **sinnvolle Reihenfolge**, sodass du sie gut miteinander verknüpfen kannst.*

Vergiss nach dem Übertragen ins Reine nicht, die Wörter zu zählen.

1

Hemd mit Aussage

Es war Leibchen. Es wurde Statement. Man kann es exklusiv haben oder von der Stange. Das T-Shirt berichtet von unserem Lebensgefühl.
Von Karin Ceballos-Betancur

1 Wäre ein Kleidungsstück ein Gefühl, dann müsste das T-Shirt ein alter Freund sein, bei dem man morgens um vier auf der Matte stehen und sich in seine ausgebreiteten Arme werfen kann. [...]

Keine Epoche hat diese Qualitäten des T-Shirts besser zum Ausdruck ge-
5 bracht als die 80er-Jahre, als die Hemden so weit sein mussten, dass man sie bequem über die angewinkelten Knie bis zu den Zehen herunterziehen konnte, dabei eine Embryonalstellung einnehmend, die bei entsprechender Bewegung dazu führte, dass das T-Shirt immer weiter und schlabberiger wurde. Das Hemd, der Form nach einem T nachempfunden, war damals unser bester Freund. Wir nann-
10 ten es Tie-Schört.

Dabei ist es bis heute geblieben, auch wenn wir uns nicht mehr ganz so oft sehen wie früher. [...]

Das Jahrhundert des T-Shirts ist das zwanzigste, wenn seine Geschichte auch weiter zurückreicht. Bereits im ausgehenden 19. Jahrhundert begannen Matrosen
15 jenseits des Atlantiks unter ihren Blusen Baumwollhemden zu tragen, mit viereckigem Ausschnitt und goldenen Knöpfen, was auf die Dauer vermutlich unbequem wurde. Auch in England verordnete die Royal Navy ihren Matrosen ärmellose Unterwäsche aus Wolle unter den blauen Uniformen zu tragen. Später wurden Ärmel angesetzt, um Körperbehaarung und Tätowierungen zu verhüllen. Im Jahr
20 1913 übernahm die amerikanische Marine offiziell das klassische Modell mit kurzen Ärmeln und Rundhalsausschnitt. Weil sich Wolle bei Kampfeinsätzen unpraktischerweise als schweißtreibend erwies, stieg man nach dem Ersten Weltkrieg auf Baumwolle um.

[...] Die technischen Voraussetzungen für den Siegeszug des Leibchens hatte
25 der Engländer William Cotton in den 1860er-Jahren geschaffen, als er eine Wirkmaschine entwickelte, die das massenhafte Rundwirken möglich machte, was den gewebten Stoff langsam vom Markt drängte. Während in Europa zu Beginn des 20. Jahrhunderts Baden und wöchentliches Wäschewechseln zur Gewohnheit wurden, machte die Cottonmaschine selbst Arbeitern möglich, dem neuen Hy-
30 gienebewusstsein durch den Erwerb kostengünstiger Unterwäsche Rechnung zu tragen. [...]

Amerikanische Sportteams waren die ersten, die T-Shirts mit Schablonen beschrifteten, Nummern und Namen der Spieler aufbrachten, was unter Anhängern und Fans schnell zum Erkennungszeichen wurde. In Frankreich nahm die Designerin Coco Chanel den neuen Stoff für ihre T-Shirts in ihre Kollektion auf, eine erste Verabredung zwischen proletarischem Kleidungsstück und der Welt der Haute Couture[1]. [...] Zum ultimativen Durchbruch verhalf ihm ein weiteres Mal das Militär. Während des Zweiten Weltkriegs entwickelte die US-Navy ein Ausstattungselement, das zu 100 Prozent aus Baumwolle bestand und einen Rundhalsausschnitt vorzuweisen hatte. Das T-Shirt – luftig, wenig Raum im Marschgepäck einnehmend, nutzbar sowohl als Handtuch als auch als weiße Fahne – kam mit den Alliierten nach Europa. [...] Schauspieler wie Marlon Brando und James Dean erhöhten das T-Shirt während der 50er-Jahre in Verbindung mit Bluejeans und Lederjacken zum Symbol einer widerständigen Jugend, die sich zum ersten Mal in der Geschichte als Lebensgefühlsgemeinschaft definierte. In Amerika wie auch in Europa wurde das T-Shirt zum Symbol einer Generationenrevolte.

[...] Um diese Provokation im 21. Jahrhundert nur annähernd nachempfinden zu können, müsste man heute vermutlich einen BH übers T-Shirt ziehen und ein öffentliches Verkehrsmittel betreten. In den westlichen Gesellschaften der 50er-Jahre jedenfalls hatte das T-Shirt jenseits von Sportstadien und Schlafzimmern nach herrschender Meinung wenig zu suchen. Ein Bruch mit dieser Haltung musste zum rebellischen Akt geraten. Der amerikanische Designer Tommy Hilfiger musste bis in die 70er-Jahre warten, ehe das T-Shirt als Kleidungsstück an staatlichen Schulen akzeptiert wurde.

[...] In den 60er-Jahren durften schließlich auch Frauen aus der Enge von Korsetts und geknöpften Blusen in die Jersey-Umarmung fliehen. [...] Die Aneignung dieses bisher zutiefst männlichen Kleidungsstücks machte das T-Shirt zum Accessoire für starke, unabhängige Frauen. [...]

Auch auf den Straßen, bei Demonstrationen, wurde das T-Shirt zum tragbarsten aller Transparente. Die Sprüche waren schnell aufgebracht und mussten nicht einmal über den Tag hinaus Bestand haben, weil der Untergrund billig war. Dabei ist es geblieben. In einer individualisierten Gesellschaft dient das T-Shirt als Leinwand, zur Vermittlung von Vorstellungen und Forderungen, ohne dass der Träger dazu den Mund aufmachen müsste. [...]

Kein Fummel lässt sich so leicht und unkompliziert in Besitz nehmen wie ein T-Shirt, nicht nur mit Schere und Farbe. „Es ist das einzige Kleidungsstück", so Fashion-Designer Helmut Lang, „das sich unseren Wünschen völlig unterwirft. Mal Unterwäsche, mal Oberbekleidung, es ändert sich je nach Sitten und Saison." [...] Für Einzelstücke sind Kunden bereit, bis zu 800 Euro zu investieren. Als die Italiener Dolce & Gabbana bei ihrer Frühjahrspräsentation 2001 Models mit Madonna-T-Shirts auf den Laufsteg schickten, war die auf 200 Exemplare begrenzte Auflage eines Edel-Shirts mit Stickereien und Swarowski-Steinen innerhalb kürzester Zeit ausverkauft.

„Das T-Shirt ist heute [...] eine Visitenkarte, quasi ein Personalausweis", 75 sagt der Modeschöpfer Christian Lacroix. „Es spricht aus, was man denkt. [...] Man trägt es nicht, ohne nachzudenken. Die Form zählt genauso zum Inhalt." Erlaubt ist dabei längst, was gefällt. [...]

Die 70er-Jahre brachten auch noch die Unsitte hervor, Markennamen und Logos der Hersteller nicht nur auf dem Etikett, sondern auch mehr oder weniger 80 großflächig auf der Vorderseite unterzubringen. Eine geschmackliche Entgleisung, die umgehend durch den Boom der Fälscherindustrie bestraft wurde, die heute etwa sieben Prozent des weltweiten Umsatzes einstreicht.

In einem einzigen T-Shirt liegen zehn Kilometer Faden in Maschen. Weltweit werden jährlich mehr als zwei Milliarden T-Shirts verkauft. Die 20 Cent, für die 85 ein T-Shirt in China produziert wird, oft unter äußerst fragwürdigen Arbeitsbedingungen, machen kaum mehr als 0,5 Prozent des Endpreises aus. Kritik daran nutzen Labels wie American Apparel, die in den USA produzieren und mit stabilen Arbeitsplätzen für ihre Produkte werben. Die T-Shirts tragen keine Logos – eine Leinwand, weiß, schwarz, zur Gestaltung freigegeben. [...]

Quelle: Der Tagesspiegel vom 03. 05. 2008.

1 Haute Couture = Schneiderkunst, die für die elegante Mode bedeutsam ist

Lesekompetenz – Aufgaben zu Text 1 „Hemd mit Aussage"   Punkte

101 Das T-Shirt wird in Z. 1–2 indirekt verglichen mit einem ...   1

☐ Buchstaben.

☐ Lebewesen.

☐ Material.

☐ Gegenstand.

102 Das Lebensgefühl, das man mit einem T-Shirt verbindet, hat sich im Laufe des 20. Jahrhunderts verändert. Ordnen Sie den jeweils passenden Begriff dem entsprechenden Jahrzehnt zu.

Markenfixierung	Bequemlichkeit	Emanzipation	Revolte

Jahrzehnt	Das Lebensgefühl ist geprägt von ...	
50er-Jahre		1
60er-Jahre		1
70er-Jahre		1
80er-Jahre		1

103 Wie viele T-Shirts werden jährlich weltweit verkauft?   1

104 Wie viel kostet ein T-Shirt in der Herstellung?   1

105 Im Text heißt es, dass die US-Navy während des Zweiten Weltkriegs dem T-Shirt zum „ultimativen Durchbruch" verhalf (Z. 37 f.). Notieren Sie aus dem Text zwei für das Militär bedeutsame Vorteile, die Soldaten mit T-Shirts auszurüsten.

a) _____ 1

b) _____ 1

106 Im Text heißt es, dass das T-Shirt heute u. a. als Visitenkarte dient (Z. 74). Erläutern Sie mithilfe des Textes, was damit gemeint ist.   2

107 Notieren Sie einen Grund aus dem Text, warum aus dem ärmellosen Unterhemd ein T-Shirt wurde.   1

108 Welche technische Erfindung beförderte die massenhafte Fertigung von T-Shirts?   1

109 Die Royal Navy verordnete ihren Männern zunächst Unterhemden aus Wolle. Notieren Sie …

a) den Grund, warum die Wolle später durch Baumwolle ersetzt wurde, und

b) wann dies geschah.

a) _____ 1

b) _____ 1

110 Der Anteil gefälschter T-Shirts am Gesamtumsatz beträgt heute … 1

☐ 5 %.

☐ 7 %.

☐ 10 %.

☐ 15 %.

111 Im Text heißt es, dass der Massenartikel T-Shirt in die Welt der Haute Couture Einzug gehalten hat. Notieren Sie, wer das Kleidungsstück erstmals in die Kollektion aufnahm.

_____ 1

112 In welchem Jahr präsentierten die Italiener Dolce & Gabbana Models mit Madonna-T-Shirts?

_____ 1

113 In den 50er-Jahren galt es als Provokation, ein T-Shirt in der Öffentlichkeit zu tragen. Der Text nennt ein Bekleidungsbeispiel, womit dies heute nachzuempfinden wäre. Notieren Sie das im Text genannte Beispiel.

_____ 1

_____

114 Ab wann wurde das T-Shirt als Kleidungsstück an staatlichen Schulen in den USA akzeptiert? 1

☐ 40er-Jahre.

☐ 50er-Jahre.

☐ 60er-Jahre.

☐ 70er-Jahre.

115 Im Text heißt es, dass die Geschichte des T-Shirts weit zurückreicht. Notieren Sie,

    a) wann das T-Shirt erstmals getragen wurde und
    b) von wem das T-Shirt erstmals getragen wurde.

a) _____ 1

b) _____ 1

116 Im Untertitel heißt es, dass man das T-Shirt „exklusiv [...] oder von der Stange" haben kann. Damit ist gemeint, dass es ...   1

  ☐ nur als Einzelstück von exklusiven Designern erhältlich ist.

  ☐ nur bei besonders exklusiven Gelegenheiten erhältlich ist.

  ☐ sowohl als Einzelstück als auch als Massenprodukt erhältlich ist.

  ☐ direkt im Straßenverkauf von der Kleiderstange erhältlich ist.

117 Im Text (Z. 85f.) ist von „äußerst fragwürdigen Arbeitsbedingungen" bei der Herstellung von T-Shirts die Rede. Notieren Sie ein Beispiel dafür aus Ihrem Alltagswissen.   2

_____

118 In dem Textabschnitt Z. 78–82 finden sich subjektive Wertungen der Autorin dieses Zeitungsartikels. Notieren Sie eine.   2

_____

Lesekompetenz gesamt   **27**

Sprachwissen und Sprachbewusstsein – Aufgaben zu Text 1   Punkte

151 Für das Wort „Leibchen" (Z. 24) finden sich im Wörterbuch folgende Synonyme. Unterstreichen Sie zwei für diesen Text passende.   1

Weste	Unterhemd	Sporthemd

152 Der Autor verwendet verschiedene Stilmittel.
    Ordnen Sie jedem Satz die richtige Nummer zu.
    1) Vergleich
    2) Personifikation
    3) Alliteration
    4) Parallelismus

a) „wöchentliches Wäschewechseln" (Z. 28) _____ 1

b) „Das T-Shirt berichtet von unserem Lebensgefühl."
   (im Untertitel) _____ 1

153 Im Text wird von „stabilen Arbeitsplätzen" gesprochen (Z. 88). Ersetzen Sie das Adjektiv „stabil" durch ein anderes aus Ihrem Alltagswissen, ohne dass die Aussage des Satzes verändert wird. 1

154 Unterstreichen Sie in dem folgenden Satz das vollständige Subjekt. 1

In einem einzigen T-Shirt liegen zehn Kilometer Faden in Maschen. (Z. 83)

155 Unterstreichen Sie in dem folgenden Satz das Prädikat. 1

Die T-Shirts tragen keine Logos – eine Leinwand, weiß, schwarz, zur Gestaltung
freigegeben. (Z. 88 f.)

156 Im Text gibt es zahlreiche Komposita wie „Körperbehaarung" (Zeile 35). Notieren Sie ein weiteres aus den Zeilen 21–23. 1

157 Bestimmen Sie den Modus der Verben im folgenden Teilsatz:
„Wäre ein Kleidungsstück ein Gefühl, dann müsste das T-Shirt ..."
(Zeile 1). 1

☐ Indikativ

☐ Imperativ

☐ Konjunktiv I

☐ Konjunktiv II

158 Unterscheiden Sie bei dem folgenden Satz zwischen Haupt- und Nebensatz (Gliedsatz). Notieren Sie jeweils die Abkürzungen HS bzw. NS. 2

	Hauptsatz/Nebensatz
Die technischen Voraussetzungen für den Siegeszug des Leibchens hatte der Engländer William Cotton in den 1860er-Jahren geschaffen,	
als er eine Wirkmaschine entwickelte,	
die das massenhafte Rundwirken möglich machte,	
was den gewebten Stoff langsam vom Markt drängte. (Zeile 24–27)	

159 In dem Satz „Es spricht aus, was man denkt." (Z. 75) ersetzt der Nebensatz ein vollständiges Satzglied. Notieren Sie, um welches es sich handelt.

    1

160 Bestimmen Sie, um welche Art von Nebensatz es sich bei dem folgenden handelt: „… weil der Untergrund billig war." (Z. 61)

    1

  ☐ konzessiver Nebensatz

  ☐ konditionaler Nebensatz

  ☐ konsekutiver Nebensatz

  ☐ kausaler Nebensatz

161 Ersetzen Sie im Satz: „Für Einzelstücke sind Kunden bereit, bis zu 800 Euro zu investieren." (Zeile 79 f.) den erweiterten Infinitiv durch einen anderen passenden.

    1

162 In dem Satz „Das Hemd, der Form nach einem T nachempfunden, war damals unser bester Freund." (Zeile 8 f.) wird eine Apposition verwendet. Welche Funktion hat diese im Satz?

    2

163 Bestimmen Sie das Tempus der unterstrichenen Prädikate in folgenden Sätzen.

	Tempus	
Dabei ist es bis heute geblieben. (Z. 11)		1
Weltweit werden jährlich mehr als zwei Milliarden T-Shirts verkauft. (Z. 83 f.)		1
Wir nannten es Tie-Schört. (Z. 9 f.)		1

164 Im Text wird der Designer Helmut Lang zitiert (Zeile 66–68). Setzen Sie das Zitat in indirekte Rede mithilfe des Konjunktiv I.
„Es ist das einzige Kleidungsstück", so Fashion-Designer Helmut Lang, „das sich unseren Wünschen völlig unterwirft."
Fashion-Designer Helmut Lang sagt, …   2

_____

_____

_____

_____

_____

Sprachwissen gesamt   20

2009-9

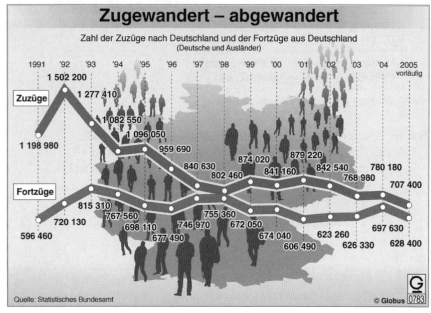

Zugewandert – abgewandert

Zahl der Zuzüge nach Deutschland und der Fortzüge aus Deutschland
(Deutsche und Ausländer)

1991 '92 '93 '94 '95 '96 '97 '98 '99 '00 '01 '02 '03 '04 2005 vorläufig

Zuzüge

1 502 200
1 277 410
1 082 550
1 096 050
1 198 980
959 690
874 020   879 220
840 630   842 540   780 180
802 460   841 160   768 980   707 400

Fortzüge

815 310
720 130   767 560   755 360   697 630
596 460   698 110   746 970   672 050   623 260   628 400
677 490   674 040   606 490   626 330

Quelle: Statistisches Bundesamt

© Globus 0783

Quelle: Globus Infografik GmbH vom 17. 07. 2006, Nr. 0783

Lesekompetenz –
Aufgaben zur Grafik „Zugewandert – abgewandert"   Punkte

201 Notieren Sie, womit sich die Grafik thematisch befasst.   1

_____

_____

202 Über welche Personen gibt die Grafik Auskunft?
Kreuzen Sie die richtige Antwort an.   1

☐ ausschließlich Deutsche

☐ ausschließlich Ausländer

☐ Deutsche und Ausländer

☐ Deutsche in der EU

203 Die Grafik erfasst einen bestimmten Zeitraum.
Notieren Sie diesen.   1

204 Ein Jahr ist noch nicht vollständig erfasst.
Notieren Sie dieses.   1

205 Notieren Sie das Jahr, in dem es die meisten Zuzüge nach Deutschland gab. (Hinweis: nur vollständig erfasste Jahre)   1

206 Notieren sie das Jahr, in dem es die meisten Fortzüge aus Deutschland gab. (Hinweis: nur vollständig erfasste Jahre)   1

207 Wie oft stieg seit 2000 die Zahl der Fortzüge aus Deutschland im Vergleich zum Vorjahr?
Kreuzen Sie die richtige Antwort an.   1

☐ 2-mal

☐ 3-mal

☐ 4-mal

☐ 5-mal

208 In welchem Jahr waren die Zuzüge nach Deutschland und die Fortzüge aus Deutschland zahlenmäßig fast ausgeglichen?   1

209 Wer hat die Daten erhoben?   1

210 In welchem Jahr wurde die Grafik veröffentlicht?   1

211 Welche Tendenz lässt sich seit 2004 für Fort- und Zuzüge ablesen?   2

Lesekompetenz gesamt   12

2009-11

Der Roman „Der Vorleser" ist aus der Perspektive von Michael Berg geschrieben, der als 15-jähriger Junge aufgrund einer Krankheit für einige Zeit nicht zur Schule gehen kann. Während seiner Krankheit lernt er eine Frau – Hanna Schmitz – kennen, in die er sich verliebt. Diese Frau ist allerdings wesentlich älter als Michael, daher erzählt er zu Hause bei seinen Eltern und Geschwistern auch nichts von ihr.

1 Als ich von ihr [Hanna Schmitz] nach Hause kam, saßen meine Eltern und Geschwister schon beim Abendessen. „Warum kommst du so spät? Deine Mutter hat sich Sorgen um dich gemacht." Mein Vater klang mehr ärgerlich als besorgt. Ich sagte, ich hätte mich verirrt; ich hätte einen Spaziergang über den Ehrenfried-
5 hof zur Molkenkur geplant, sei aber lange nirgendwo und schließlich in Nußloch angekommen. „Ich hatte kein Geld und musste von Nußloch nach Hause laufen." „Du hättest trampen können." Meine jüngere Schwester trampte manchmal, was meine Eltern nicht billigten.

Mein älterer Bruder schnaubte verächtlich. „Molkenkur und Nußloch – das
10 sind völlig verschiedene Richtungen."

Meine ältere Schwester sah mich prüfend an.

„Ich gehe morgen wieder zur Schule."

„Dann pass gut auf in Geographie. Es gibt Norden und Süden, und die Sonne geht …" Meine Mutter unterbrach meinen Bruder. „Noch drei Wochen, hat der
15 Arzt gesagt." „Wenn er über den Ehrenfriedhof nach Nußloch und wieder zurück laufen kann, kann er auch in die Schule gehen. Ihm fehlt's nicht an Kraft, ihm fehlt's an Grips[1]." Als kleine Jungen hatten mein Bruder und ich uns ständig geprügelt, später verbal[2] bekämpft. Drei Jahre älter, war er mir im einen so überlegen wie im anderen. Irgendwann habe ich aufgehört zurückzugeben und seinen kämpferi-
20 schen Einsatz ins Leere laufen lassen. Seitdem beschränkte er sich aufs Nörgeln.

„Was meinst du?" Meine Mutter wandte sich an meinen Vater. Er legte Messer und Gabel auf den Teller, lehnte sich zurück und faltete die Hände im Schoß. Er schwieg und schaute nachdenklich, wie jedesmal, wenn meine Mutter ihn der Kinder oder des Haushalts wegen ansprach. Wie jedesmal fragte ich mich, ob er
25 tatsächlich über die Frage meiner Mutter nachdachte oder über seine Arbeit. Vielleicht versuchte er auch, über die Frage meiner Mutter nachzudenken, konnte aber, einmal ins Nachdenken verfallen, nicht anders als an seine Arbeit denken. Er war Professor für Philosophie, und Denken war sein Leben, Denken und Lesen und Schreiben und Lehren.
30 Manchmal hatte ich das Gefühl, wir, seine Familie, seien für ihn wie Haustiere. Der Hund, mit dem man spazieren geht, und die Katze, mit der man spielt,

auch die Katze, die sich im Schoß kringelt und schnurrend streicheln lässt – das kann einem lieb sein, man kann es in gewisser Weise sogar brauchen, und trotzdem ist einem das Einkaufen des Futters, das Säubern des Katzenklos und der
35 Gang zum Tierarzt eigentlich schon zu viel. Denn das Leben ist anderswo. Ich hätte gerne gehabt, dass wir, seine Familie, sein Leben gewesen wären. Manchmal hätte ich auch meinen nörgelnden Bruder und meine freche kleine Schwester lieber anders gehabt. Aber an dem Abend hatte ich sie alle plötzlich furchtbar lieb. Meine kleine Schwester. Vermutlich war es nicht leicht, das jüngste von vier Ge-
40 schwistern zu sein, und konnte sie sich ohne einige Frechheit nicht behaupten. Mein großer Bruder. Wir hatten ein gemeinsames Zimmer, was für ihn sicher schwieriger war als für mich, und überdies musste er, seit ich krank war, mir das Zimmer völlig lassen und auf dem Sofa im Wohnzimmer schlafen. Wie sollte er nicht nörgeln? Mein Vater. Warum sollten wir Kinder sein Leben sein? Wir wuch-
45 sen heran und waren bald groß und aus dem Haus.

Mir war, als säßen wir das letzte Mal gemeinsam um den runden Tisch unter dem fünfarmigen, fünfkerzigen Leuchter aus Messing. Als äßen wir das letzte Mal von den alten Tellern mit den grünen Ranken am Rand, als redeten wir das letzte Mal so vertraut miteinander. Ich fühlte mich wie bei einem Abschied. Ich war
50 noch da und schon weg. Ich hatte Heimweh nach Mutter und Vater und den Geschwistern, und die Sehnsucht, bei der Frau [Hanna Schmitz] zu sein.

Mein Vater sah zu mir herüber. „Ich gehe morgen wieder zur Schule – so hast du gesagt, nicht wahr?"

„Ja." Es war ihm also aufgefallen, dass ich ihn und nicht Mutter gefragt und
55 auch nicht gesagt hatte, ich frage mich, ob ich wieder in die Schule gehen soll.

Er nickte. „Lassen wir dich zur Schule gehen. Wenn es dir zu viel wird, bleibst du eben wieder zu Hause."

Ich war froh. Zugleich hatte ich das Gefühl, jetzt sei der Abschied vollzogen.

Quelle: Bernhard Schlink: Der Vorleser. Diogenes Verlag, Zürich 1997, S. 29–32

1 Grips = Verstand, Auffassungsgabe
2 verbal = mit Worten

301 Wie alt ist Michael?   1

_____

302 Wer spricht Michael als Erstes an, nachdem er nach Hause gekommen
ist? Notieren Sie.   1

_____

303 Wie viele Personen sitzen insgesamt am Abendbrottisch? Notieren Sie.   1

_____

304 Ordnen Sie die Nummern des entsprechenden Familienmitgliedes der
wörtlichen Rede zu.
1) der Vater
2) die Mutter
3) der ältere Bruder
4) Michael
5) die jüngere Schweser

	Nummer
a) „Ich hatte kein Geld und musste von Nußloch nach Hause laufen."	
b) „Dann pass gut auf in Geographie. Es gibt Norden …".	
c) „Noch drei Wochen, hat der Arzt gesagt."	
d) „Wenn er über den Ehrenfriedhof nach Nußloch …".	

(Punkte: a) 1, b) 1, c) 1, d) 1)

305 In Z. 11 heißt es: „Meine ältere Schwester sah mich prüfend an." Notieren Sie einen möglichen Grund für ihr Verhalten.   2

_____

_____

306 Über den Bruder sagt der Erzähler: „Drei Jahre älter, war er mir im
einem so überlegen wie im anderen" (Z. 18 f.). Worin war er ihm überlegen? Notieren Sie die zwei Merkmale, in denen der Bruder ihm
überlegen ist.

_____   1

_____   1

307 In Z. 35 heißt es: „Denn das Leben ist anderswo." Das bedeutet, der
Vater ...   2

☐ lehnt seine Familie ab.

☐ wohnt und lebt an einem anderen Ort.

☐ versorgt seine Kinder nicht.

☐ fühlt sich durch das Familienleben nicht ausgefüllt.

308 Der Erzähler zeigt durch eine Aussage (wörtliche Rede) im Text,
dass er für sich selbst entscheiden will, was richtig ist. Notieren Sie
diese Aussage und geben Sie die Zeile an, in der sie steht.   1

_____

_____

309 Michaels Einstellung zu den anderen Familienmitgliedern ist am Ende
des Gesprächs geprägt von: ... Kreuzen Sie an.

	zutreffend	nicht zutreffend	
a) Verachtung	☐	☐	1
b) Verständnis	☐	☐	1
c) Gleichgültigkeit	☐	☐	1
d) Trotz	☐	☐	1
e) Zuneigung	☐	☐	1

310 In Z. 50 verspürt Michael „Heimweh nach Mutter und Vater und den
Geschwistern", obwohl er im selben Moment mit ihnen zusammen
ist. Michael verspürt also „Heimweh", weil ...   2

☐ er sich nicht vorstellen kann, ein selbstständiges Leben ohne seine
Familie zu führen.

☐ er beschlossen hat, die Familie bald zu verlassen, um allein zu leben.

☐ er spürt, dass die Zeit des reinen „Kindseins" vorbei ist.

☐ er seine Familie in der Vergangenheit häufig vermisst hat.

Lesekompetenz gesamt   **21**

351 In Z. 46 steht: „<u>Mir war, als</u> säßen wir das letzte Mal um den runden
     Tisch …"
     Die unterstrichene Formulierung bedeutet: 1

     ☐ Er weiß es.

     ☐ Er hofft es.

     ☐ Er fühlt sich so.

     ☐ Er will es so.

352 Bestimmen Sie die folgenden Sätze. Ordnen Sie jedem Satz die rich-
     tige Nummer zu.
     1) rhetorische Frage
     2) indirekte Rede
     3) Fragesatz
     4) Einschub

	Nummer
a) Warum kommst du so spät? (Z. 2)		1
b) Ich sagte, ich hätte mich verirrt. (Z. 4)		1
c) Warum sollten wir Kinder sein Leben sein? (Z. 44)		1

353 Für das Wort „groß" (Z. 45) gibt es im Wörterbuch folgende Syno-
     nyme.
     Unterstreichen Sie ein Wort, das zu dieser Textstelle passt.   1

     > mächtig, beträchtlich, reichlich, stark, bedeutend, gewaltig, bemerkenswert,
     > erheblich, erwachsen, geräumig, hoch, lang

354 In Zeile 9 steht: „Mein älterer Bruder schnaubte verächtlich."
     Das bedeutet: Mein älterer Bruder …   1

     ☐ sagt den Satz abfällig.

     ☐ putzt sich die Nase.

     ☐ sagt den Satz wütend.

     ☐ spricht durch die Nase.

355 Erklären Sie die unterstrichene Formulierung: Ich hatte sie alle „plötzlich furchtbar lieb" (Zeile 38).   1

---

356 Im Text gibt es mehrere grammatisch unvollständige Sätze, z. B. in
Zeile 44: „Mein Vater." Welcher der folgenden Fachbegriffe bezeichnet unvollständige Sätze?   1

☐ Hyperbel

☐ Ellipse

☐ Parabel

☐ Inversion

357 Ordnen Sie die Nummern der jeweiligen Steigerungsform den unterstrichenen Adjektiven richtig zu.
1) Positiv
2) Komparativ
3) Superlativ

Nummer

a) „… das jüngste von vier Geschwistern zu
sein …" (Z. 39 f.)   1

b) „Meine ältere Schwester sah mich prüfend
an." (Z. 11)   1

Sprachwissen gesamt   10

4 Schreibkompetenz – Überarbeiten eines Schülertextes

Folgende Beurteilung einer Gruppenarbeitsphase im Deutschunterricht wurde von einem Schüler abgegeben. Leider haben sich einige Fehler eingeschlichen, die von Ihnen als Mitschüler/-in in einer Schreibkonferenz überarbeitet werden müssen.

1   Die Gruppenarbeitsatmosphäre zum Film „Die Welle" war cool und hat mir generell gut gefallen. Am Anfang haben fast alle aus unserer Gruppe denn Film gemeinsam gesehen und darüber gesprochen. Am nächsten Tag haben wir Gruppen gebildet. Cornelia, Anna und ich machten die Power-Point-Präsentation, Max,

5   Friedrich und Lena fertigten die Inhaltsangabe an, und Marie, Felix und Philip übernahmen die Arbeitsblätter.

Als es dann ans arbeiten ging, fanden die meisten schnell eine Aufgabe, nur Friedrich, Lena und Anna musste man ab und zu zur Konzentration aufrufen. Besonders Anna war oft ein kleiner Störfaktor da sie oft Kommentare abgegeben hat die nicht immer

10   passend waren. Cornelia und Felix waren immer sehr konzentriert bei der Arbeit und haben oft auch viel als Hausaufgaben erledigt. Auch wenn es zeitweise so aussah als ob wir es nicht mehr schaffen würden verlief unsere Präsentation dann ja doch relativ problemlos.

Wir müssen beim nächsten mal die Arbeitsblätter gemeinsam durchgehen, damit uns

15   nicht mehr so viele Fehler passieren. Ansonsten denke ich, dass wir das als Gruppe gut hingekriegt haben.

Insgesamt hat mir die Arbeit an ein Filmprojekt gut gefallen, weil es Spaß gemacht hat und man etwas gelernt hat.

Schreibkompetenz – Überarbeiten des Schülertextes   Punkte

481 Im Text finden sich umgangssprachliche Formulierungen.
Unterstreichen Sie diese und formulieren sie in Standardsprache um.

Unterstreichung	Umformulierung	
a) „Die Gruppenarbeitsatmosphäre (…) war cool und hat mir generell gut gefallen." (Zeile 1 f.)		2
b) „… dass wir das als Gruppe gut hingekriegt haben." (Zeile 15 f.)		2

482 In den folgenden Formulierungen gibt es Rechtschreibfehler.
Streichen Sie die Rechtschreibfehler durch und korrigieren Sie sie.

Streichung	Korrektur	
a) „Am Anfang hatten fast alle aus unserer Gruppe denn Film gemeinsam gesehen ..." (Zeile 2 f.)		1
b) „Als es dann ans arbeiten ging, fanden die meisten schnell eine Aufgabe ..." (Zeile 7)		1
c) „Wir müssen beim nächsten mal die Arbeitsblätter gemeinsam durchgehen ..." (Zeile 14)		1

483 In den folgenden Sätzen fehlen Satzzeichen. Setzen Sie diese.

a) „Auch wenn es zeitweise so aussah als ob wir es nicht mehr schaffen würden verlief unsere Präsentation dann ja doch relativ problemlos." (Z. 11–13)   1
b) „Besonders Anna war oft ein kleiner Störfaktor da sie oft Kommentare abgegeben hat die nicht immer passend waren." (Z. 8–10)   1

484 In der folgenden Formulierung gibt es einen Kasusfehler.
Streichen Sie den Fehler durch und korrigieren Sie ihn.   1

Streichung	Korrektur
Insgesamt hat mir die Arbeit an ein Filmprojekt gut gefallen, weil es Spaß gemacht hat und man etwas gelernt hat. (Z. 17 f.)	

485 Der zweite und der dritte Satz beginnen mit derselben Präposition.
Um eine Wiederholung zu vermeiden, formulieren Sie den Anfang des ersten Satzes um.   2

Ausgangssätze	Umformulierung
<u>Am</u> Anfang haben fast alle aus unserer Gruppe denn Film gemeinsam gesehen und darüber gesprochen. <u>Am</u> nächsten Tag haben wir Gruppen gebildet.	

Schreibkompetenz gesamt   12

5   Schreibkompetenz – Erstellen eines Schreibplans

Sie nehmen mit Ihrer Klasse an dem Projekt „Zeitung in der Schule" teil. Dafür erstellen Sie einen Schreibplan zu der folgenden These:

Es ist sinnvoll, nach der Schulzeit ein „Soziales Jahr" für alle Schülerinnen und Schüler verpflichtend einzuführen.

Im Folgenden finden Sie Argumente und Belege ungeordnet aufgelistet.   Punkte

a)   Sortieren Sie auf die Argumente zunächst nach Pro und Kontra.
b)   Ordnen Sie dann den Argumenten 1–8 den jeweils passenden Beleg a–h zu.

Argumente	Belege
1. Verantwortung für andere übernehmen	a) Jugendliche dienen als billige Arbeitskräfte
2. Einschränkung persönlicher Entfaltungsmöglichkeiten bei verbindlicher Einführung	b) schon seit drei Jahren freiwillige Tätigkeit als Leiter einer Jugendgruppe
3. Abbau von Arbeitsplätzen im sozialen Bereich	c) Praktikum im Ausland
	d) Zahl der Schulabgänger übersteigt die Zahl der angebotenen Plätze bei weitem
4. Kennenlernen neuer Kulturen	
5. bereits ehrenamtliche Tätigkeiten am Wohnort	e) mit anderen kommunizieren und im Team arbeiten können

2009-20

6. begrenztes Angebot an Stellen für das Soziale Jahr	f) Betreuung eines Kunstprojektes für Sehbehinderte
7. Vor- und Nachteile eines Berufsfeldes erkunden	g) Entscheidungshilfe bei der Berufswahl
8. Erwerb von Fähigkeiten, die man in allen Berufen gebrauchen kann	h) bereits abgeschlossener Ausbildungsvertrag geht verloren

Pro-Argumente und Belege

Nummer   +   Buchstabe

- _____   _____   2
- _____   _____   2
- _____   _____   2
- _____   _____   2

Kontra-Argumente und Belege

Nummer   +   Buchstabe

- _____   _____   2
- _____   _____   2
- _____   _____   2
- _____   _____   2

gesamt   16

In einem Jugendmagazin erschien ein Artikel zum Thema

**„Aufregende Abende, kurzfristige Verabredungen –
Das Handy verändert das Verhalten Jugendlicher"**

Im Folgenden finden Sie einige Argumente und Belege, die für diese Thesen sprechen:

> Das Wochenende muss nicht mehr langfristig geplant werden, weil man sich spontan über SMS verabreden kann.

> Mit dem Handy wird es nie langweilig, weil man damit fotografieren, filmen, spielen oder Musik hören kann.

> Eine SMS ermöglicht es, Leute schnell wieder zu finden oder auf Distanz zu halten, da kein direkter Kontakt mehr nötig ist.

Aufgabe:

- Verfassen Sie einen Leserbrief an die Zeitung, in dem Sie persönlich Stellung nehmen.
- Verwenden Sie in Ihrem Brief zwei der oben genannten Pro-Argumente.
- Finden Sie darüber hinaus zwei passende Gegenargumente mit entsprechendem Beleg.
- Formulieren Sie abschließend Ihr persönliches Fazit.
- Beachten Sie dabei die Regeln für das Verfassen eines formalen Briefs.

Schreibkompetenz – Verfassen eines formalen Briefes

Berlin, den 20. Mai 2009

_____

_____

_____

An

Berlin Aktuell
Scheibenstraße 65
19888 Berlin

**Leserbrief zum Thema: Aufregende Abende, kurzfristige Verab-
redungen – Das Handy verändert das Verhalten Jugendlicher**

_____

_____

_____

_____

_____

_____

_____

_____

_____

_____

_____

_____

_____

_____

_____

_____

_____

_____

_____

_____

_____

_____
_____
_____
_____
_____
_____
_____
_____
_____
_____
_____
_____
_____
_____

Anzahl der Worte: _____

Punkte

681 Aufbau 3

682 Adressatenorientierung 2

683 Textmuster 4

684 Schreibfunktion 3

685 Format 2

686 Originalität/Einfallsreichtum 2

687 Sprachliche Vielfalt und Genauigkeit 2

688 Sprachliche Richtigkeit/Verständlichkeit 2

689 Schreibregeln 2

Schreibkompetenz **22**

1 **Hemd mit Aussage** *(Karin Ceballos-Betancur)*

Lesekompetenz – Aufgaben zu Text 1

101 Das T-Shirt wird in Zeile 1–3 indirekt verglichen mit einem …

$\boxed{X}$ Lebewesen.

✔ *Hinweis: Wörtlich steht dort, das T-Shirt müsste wie „ein alter Freund"
sein (Z. 1).*

102

Jahrzehnt	Das Lebensgefühl ist geprägt von …
50er-Jahre	Revolte
60er-Jahre	Emanzipation
70er-Jahre	Markenfixierung
80er-Jahre	Bequemlichkeit

✔ *Hinweis: Du kannst die richtigen Antworten aus dem Text ableiten.*
zu a) Z. 44: „Symbol einer widerständigen Jugend"
*zu b) Z. 55–58: „Frauen [durften] aus der Enge von Korsetts und geknöpf-
ten Blusen … fliehen", „Accessoire für starke, unabhängige Frauen"*
*zu c) Z. 78–80: „Markennamen und Logos der Hersteller … großflächig
auf der Vorderseite unterzubringen"*
zu d) Z. 5f.: „bequem"

103 Jährlich werden weltweit zwei Milliarden T-Shirts verkauft.

✔ *Hinweis: Du findest die Antwort im Text Z. 84.*

104 Ein T-Shirt kostet in der Herstellung 20 Cent.

✔ *Hinweis: Du findest die Antwort im Text Z. 84.*

105 a) Das T-Shirt nimmt wenig Raum im Handgepäck ein.
b) Das T-Shirt ist auch als Handtuch nutzbar.

✔ *Hinweis: Du findest die richtigen Antworten im Text Z. 40f. Weitere mögliche Antworten wären: luftig, als weiße Fahne nutzbar.*

106 Durch Abbildungen oder Text auf einem T-Shirt zeigt man, was man denkt.

✔ *Hinweis: Du findest die Antwort im Text Z. 75.*

107 Man hat an das ärmellose Unterhemd Ärmel angenäht, um Körperbehaarung und Tätowierungen zu überdecken.
✐ Hinweis: Du findest die Antwort im Text Z. 19.

108 Die Erfindung der Wirkmaschine und der Cottonmaschine beförderten die massenhafte Fertigung von T-Shirts.
✐ Hinweis: Du findest die Antwort im Text Z. 25–29.

109 a) Die Wolle wurde später durch Baumwolle ersetzt, da sich Wolle bei Kampfeinsätzen als schweißtreibend erwies.
 b) Man stieg nach dem Ersten Weltkrieg auf Baumwolle um.
✐ Hinweis: Du findest die Antworten im Text Z. 21–23.

110 Der Anteil gefälschter T-Shirts am Gesamtumsatz beträgt heute
X̄ 7 %
✐ Hinweis: Du findest die richtige Antwort in Zeile 82.

111 Das T-Shirt wurde erstmals von Coco Chanel in eine Kollektion aufgenommen.
✐ Hinweis: Du findest die Antwort in Zeile 34 f.

112 Bei der Frühjahrspräsentation 2001 präsentierten die Italiener Dolce & Gabbana Models mit Madonna-T-Shirts.
✐ Hinweis: Du findest die Antwort in Zeile 70 f.

113 Heute müsste man vermutlich einen BH übers T-Shirt ziehen und ein öffentliches Verkehrsmittel betreten.
✐ Hinweis: Du findest die Antwort in Zeile 47–49.

114 X̄ 70er-Jahre
✐ Hinweis: Du findest die Antwort in Zeile 52–54.

115 a) Das T-Shirt wurde erstmals im ausgehenden 19. Jahrhundert von
 b) Matrosen getragen.
✐ Hinweis: Du findest die richtige Antwort in Zeile 14 f. Achte bei Antwort (a) darauf, sowohl „ausgehend" als auch „19. Jahrhundert" zu nennen, sonst ist die Aufgabe unvollständig.

116 Damit ist gemeint, dass es …

[X] sowohl als Einzelstück als auch als Massenprodukt erhältlich ist.

Hinweis: „Exklusiv" ist ein Synonym für „ausschließlich" und bedeutet, dass etwas nur für bestimmte Personen erhältlich ist. „Von der Stange" bedeutet, dass es von einer Sache eine sehr hohe Stückzahl gibt, sodass jeder, der die Sache haben möchte, ein Stück „von der Kleiderstange" wegnehmen kann. Beide Bedeutungen müssen in der Antwort genannt werden und das trifft nur auf Antwort (c) zu.

117 Zu den äußerst fragwürdigen Arbeitsbedingungen zählt der sehr geringe Lohn, den die Arbeiter für die Herstellung der T-Shirts bekommen, gemessen am Gewinn, den der Hersteller damit macht.

Hinweis: Mögliche Antworten wären auch die Herstellung der T-Shirts in Kinderarbeit oder allgemein die unwürdigen Arbeitsbedingungen.

118 Die Autorin bezeichnet das großflächige Anbringen von Logos oder Markennamen als „geschmackliche Entgleisung", was außerdem als „Unsitte" bezeichnet wird.

Hinweis: Eine der beiden Antworten reicht.

Sprachwissen und Sprachbewusstsein – Aufgaben zu Text 1

151 | Weste | Unterhemd | Sporthemd |
|---|---|---|

Hinweis: Es wird im Text nur von T-Shirts in der Funktion als Unterwäsche (vgl. Z. 18) und Sporthemd (vgl. Z. 32–34) gesprochen.

152 a) „wöchentliches Wäschewechseln" (Z. 28)
= 3) Alliteration

b) „Das T-Shirt **berichtet** von unserem Lebensgefühl." (im Untertitel)
= 2) Personifikation

Hinweis: zu a) Wenn aufeinander folgende Wörter mit dem gleichen Anlaut beginnen (hier: w), dann nennt man das Alliteration.
zu b) Wenn Gegenstände vermenschlicht werden (hier: das T-Shirt berichtet), so nennt man das Personifikation.

153 mit „sicheren" Arbeitsplätzen

Hinweis: Lies dir den entsprechenden Satz (Zeile 86–88) im Ganzen durch. „Stabil" wird hier benutzt im Sinne von „nicht wegbrechend", also „sicher, beständig". Setz deine Lösung in den kompletten Satz ein, um sicherzustellen, dass die Aussage nicht verändert wird.

154 In einem einzigen T-Shirt liegen <u>zehn Kilometer Faden in Maschen</u>.

Hinweis: Nach dem Subjekt fragst du mit „Wer oder was?". Achte bei diesem Satz darauf, dass das Subjekt vollständig „zehn Kilometer Faden in Maschen" heißt. Das „in Maschen" kann bei einer Satzgliedumstellung nicht von „zehn Kilometer Faden" getrennt werden.

155 Die T-Shirts <u>tragen</u> keine Logos – eine Leinwand, weiß, schwarz, zur Gestaltung freigegeben.

Hinweis: Das Prädikat bildet mit dem Subjekt den Satzkern. Nach dem Prädikat fragst du: „Was machen die T-Shirts?"

156 z. B. Kampfeinsätzen, Weltkrieg, Baumwolle

Hinweis: Ein Kompositum ist ein Nomen, das aus mindestens zwei Wörtern besteht.

157 [X] Konjunktiv II

Hinweis: Der Konjunktiv II wird vom Präteritum abgeleitet: es war – es wäre, es musste – es müsste.

158

	HS/NS
Die technischen Voraussetzungen für den Siegeszug des Leibchens hatte der Engländer William Cotton in den 1860er-Jahren geschaffen,	HS
als er eine Wirkmaschine entwickelte,	NS
die das massenhafte Rundwirken möglich machte,	NS
was den gewebten Stoff langsam vom Markt drängte. (Z. 24–27)	NS

Hinweis: Um zwischen Haupt- und Nebensatz zu unterscheiden, musst du das Prädikat (finites Verb) bestimmen. Beim Hauptsatz steht das Prädikat an zweiter Stelle, beim Nebensatz an letzter Stelle.

159 Der Nebensatz ersetzt das Akkusativobjekt.

Hinweis: Es wird danach gefragt, welches Satzglied der Nebensatz ersetzt/ ist. Denke darüber nach, welche Satzglieder du kennst (Subjekt, Prädikat, Objekte usw.) und wie man sie bestimmt. Nach dem Nebensatz fragst du: „Wen oder was spricht es aus?" Als Antwort erhältst du: „was man denkt" (= der Nebensatz). Durch die Frage „Wen oder Was?" erkennst du das Akkusativ-Objekt.

160 ☒ kausaler Nebensatz

Hinweis: Um welche Art von Nebensatz es sich handelt, erkennst du an der Konjunktion. Mit der Konjunktion „weil" wird ein Nebensatz eingeleitet, der eine Ursache oder einen Grund nennt. Das nennt man „kausaler Nebensatz".

161 „Für Einzelstücke sind Kunden bereit, bis zu 800 € anzulegen."

Hinweis: „Investieren" bedeutet, für etwas (langfristig) Geld auszugeben.

162 Appositionen sind Zusätze, die sich auf ein Nomen beziehen und dieses erläutern.

Hinweis: Hier bezieht sich die Apposition auf das „Hemd" und trifft eine Aussage über dessen Form.

163

	Tempus
Dabei ist es bis heute geblieben. (Z. 11)	Perfekt
Weltweit werden jährlich mehr als zwei Milliarden T-Shirts verkauft. (Z. 83 f.)	Präsens
Wir nannten es Tie-Schört. (Z. 9 f.)	Präteritum

Hinweis: zu a) Infinitiv: bleiben
zu b) Hier handelt es sich um Passiv Präsens (Es wird kein Subjekt/Täter benannt). Es ist kein „Futur/Zukunft". Du erkennst das Futur daran, dass „werden" mit einem Infinitiv verwendet wird: ich werde verkaufen, wir werden verkaufen.
zu c) Infinitiv: nennen

164 Fashion-Designer Helmut Lang sagt, es sei das einzige Kleidungsstück, das sich unseren Wünschen völlig unterwerfe.

Hinweis: Der Konjunktiv I bildet man mit dem Infinitiv ohne -n: unterwerfen – unterwerfe. Eine Ausnahme bildet das Hilfsverb sein: es ist – es sei.

2 **Zugewandert – abgewandert** *(Quelle: Statistisches Bundesamt)*

Lesekompetenz –
Aufgaben zur Grafik „Zugewandert – abgewandert"

201 Die Grafik beschäftigt sich thematisch mit der Zahl der Zuzüge nach und der Fortzüge aus Deutschland.
Hinweis: Du findest die Antwort im Untertitel.

202 [X] Deutsche und Ausländer
Hinweis: Du findest die richtige Antwort in der Klammer des Untertitels.

203 Die Grafik erfasst den Zeitraum von 1991 bis 2005. Das sind 14 Jahre.
Hinweis: In der Grafik, direkt unterhalb des Untertitels, werden die Jahreszahlen genannt.

204 Das Jahr 2005 ist noch nicht vollständig erfasst.
Hinweis: Beim Jahr 2005 steht „vorläufig".

205 Die meisten Zuzüge nach Deutschland gab es 1992.
Hinweis: Die obere Kurve gibt Auskunft über die Zahl der Zuzüge. Die größte Steigung gab es 1992.

206 Die meisten Fortzüge aus Deutschland gab es 1993.
Hinweis: Die untere Kurve gibt Auskunft über die Zahl der Fortzüge.

207 [X] 3-mal
Hinweis: Du ermittelst die Zahlen für die richtige Antwort in der unteren Kurve. Achte darauf, dass nicht alle Jahre gefragt sind, sondern erst die ab 2000. Es handelt sich um die Jahre 2002, 2003 und 2004.

208 Im Jahr 1998 waren die Zuzüge nach Deutschland und die Fortzüge aus Deutschland zahlenmäßig fast ausgeglichen.
Hinweis: Du musst die Zahlen der beiden Kurven für jedes Jahr miteinander vergleichen. In dem Jahr, wo die Zahlen der oberen und unteren Kurve am nächsten beieinander liegen, sind die Zu- und Fortzüge fast ausgeglichen: 1998 gab es 802 460 Zuzüge und 755 360 Fortzüge.

209 Das Statistische Bundesamt hat die Daten erhoben.

Hinweis: Du findest diese Angabe neben dem Begriff „Quelle" (linke untere Ecke der Grafik).

210 Die Grafik wurde 2006 veröffentlicht.

Hinweis: Du findest die richtige Antwort unterhalb der Grafik. Dort steht, dass sie von Globus Infografik GmbH am 17. 07. 2006 erstellt wurde.

211 Seit 2004 ist die Tendenz zu beobachten, dass die Zahl der Zuzüge nach Deutschland und die Zahl der Fortzüge aus Deutschland sinken.

Hinweis: Sieh dir in den beiden Kurven den Abschnitt seit 2004 (also danach) an: Beide Kurven sinken. Also wird die Zahl der Zu- und Abwanderungen geringer. Ebenfalls richtig wäre die Antwort: Tendenz abnehmend.

3 Der Vorleser (Bernhard Schlink)

Lesekompetenz – Aufgaben zu Text 3 „Der Vorleser"

301 Michael ist 15 Jahre alt.

Hinweis: In der zweiten Zeile der kursiv gedruckten Vorinformationen wird Michael als 15-jährig vorgestellt.

302 Zuerst spricht ihn sein Vater an.

Hinweis: Du findest die richtige Antwort in Z. 3, direkt hinter der wörtlichen Rede: „Mein Vater klang ...".

303 Insgesamt sitzen 6 Personen am Abendbrottisch.

Hinweis: Im Verlauf des Textes werden sein Vater, seine Mutter, seine jüngere Schwester, seine ältere Schwester und sein älterer Bruder erwähnt. Auch Michael sitzt am Abendbrottisch: Das macht 6 Personen.

304		Nummer
a)	„Ich hatte kein Geld und musste von Nußloch nach Hause laufen."	4
b)	„Dann pass gut auf in Geographie. Es gibt Norden ...".	3
c)	„Noch drei Wochen, hat der Arzt gesagt."	2
d)	„Wenn er über den Ehrenfriedhof nach Nußloch ...".	3

Hinweis: zu a) Zeile 4–6 indirekte Rede Michael, Z. 6 das Zitat
zu b) Zeile 13 f. die abgebrochene wörtliche Rede, anschließend der Hin-
weis, dass die Mutter seinen Bruder unterbrochen hat (Z. 14)
zu c) Zitat Zeile 14 f., davor (Z. 14) der Hinweis, dass hier die Mutter spricht
zu d) Zitat endet in Zeile 17, im Anschluss erzählt Michael von den verbalen
Kämpfen mit seinem Bruder, auch die vorangehende wörtliche Rede wirkt
wie ein verbaler Angriff: beleidigend.

305 Die Familie sitzt am Abendbrottisch, als Michael verspätet hereinkommt. Er
begründet seine Verspätung mit der Ausrede, sich verlaufen zu haben. Dabei
berichtet er von einem Umweg, der unlogisch erscheint, denn die Ortschaften
liegen in völlig verschiedenen Richtungen. Seine Schwester ahnt, dass er
nicht die Wahrheit sagt.

Hinweis: Du findest die Antwort im Abschnitt davor: Z. 9–11. Der Bruder
wundert sich über die Streckenangabe von Michael. Direkt danach wird die
Reaktion der Schwester beschrieben.

306 Der ältere Bruder ist Michael beim Prügeln körperlich und beim Streiten mit
Worten überlegen.

Hinweis: Du findest die Antwort im Satz davor (Z. 17 f.).

307 Das bedeutet, der Vater …

[X] fühlt sich durch das Familienleben nicht ausgefüllt.

Hinweis: Du findest die richtige Antwort durch das Ausschlussverfahren:
Wenn der Vater seine Familie ablehnen oder an einem anderen Ort wohnen
und leben würde, säße er nicht mit seiner Familie am Abendbrottisch. Aus
der Beschreibung der Familie als Haustiere (Z. 30–35) kannst du entneh-
men, dass er die Familie (die Haustiere) versorgt: einkaufen, saubermachen
usw.

308 „Ich gehe morgen wieder zur Schule." Z. 12

Hinweis: Du musst die Textstelle (wörtliche Rede) finden, wo er eine Ent-
scheidung trifft. Unterstreiche alle wörtlichen Reden von Michael: Z. 6,
Z. 12, Z. 54. Die erste Aussage ist eine Ausrede. Dabei wird nichts entschie-
den. In der zweiten Aussage wird eine Entscheidung durch ihn für sein Leben
getroffen, die in der dritten Aussage wiederholt wird.

309

	zutreffend	nicht zutreffend
a) Verachtung	☐	☒
b) Verständnis	☒	☐
c) Gleichgültigkeit	☐	☒
d) Trotz	☐	☒
e) Zuneigung	☒	☐

✎ *Hinweis: Du findest die richtigen Antworten im Text ab Z. 38. Michael denkt liebevoll und etwas wehmütig über die Mitglieder seiner Familie nach. Dabei hat er eine positive Einstellung, deshalb treffen die Eigenschaften in b und e zu.*

310 Michael verspürt also „Heimweh", weil …

☒ er spürt, dass die Zeit des reinen „Kindseins" vorbei ist.

✎ *Hinweis: Du findest die Antwort durch das Ausschlussverfahren. Die Antworten a und d werden im Text überhaupt nicht thematisiert. Jedoch wird in Z. 49 von Michael beschrieben, dass er sich wie bei einem Abschied fühle. Es geht aber nicht darum, dass er die Familie verlassen will (b). Sondern Michael wird deutlich, dass er sich aus seiner Kindheit verabschiedet hat (c).*

Sprachwissen und Sprachbewusstsein – Aufgaben zu Text 3 „Der Vorleser"

351 ☒ Er fühlt sich so.

✎ *Hinweis: Du kannst die richtige Antwort ableiten: Mit den Formulierungen „Mir ist schlecht.", „Mir war übel." oder „Mir war heiß." werden gefühlte Zustände ausgedrückt. Die drei anderen Antworten müssten mit a) „Ich weiß, …", b) Ich hoffe, …" oder c) „Ich will, …" (oder synonymen Verben) beginnen.*

352

	Nummer
a) Warum kommst du so spät? (Z. 2)	3
b) Ich sagte, ich hätte mich verirrt. (Z. 4)	2
c) Warum sollten wir Kinder sein Leben sein? (Z. 44)	1

✎ *Hinweis: Antwort (a) erkennst du zuerst am Satzzeichen. Es ist eine Frage des Vaters an den Sohn, auf die er eine Antwort erwartet. Antwort (b) er-*

kennst du an dem Einleitungssatz „Ich sagte, ...". Antwort (c) erkennst du am Satzzeichen. Außerdem wird darauf keine Antwort erwartet.

353 erwachsen

✎ *Hinweis: Lies den gesamten Satz (Z. 44 f.) durch. Nur das Wort „erwachsen" kannst du gegen „groß" austauschen, ohne den Sinn des Satzes zu verändern.*

354 Mein älterer Bruder ...

[X] sagte den Satz abfällig.

✎ *Hinweis: Das „verächtliche Schnauben" bezieht sich auf den nachfolgenden Satz. In diesem klingt seine Verachtung für den kleineren Bruder heraus. „Verächtlich" bedeutet soviel wie „abfällig".*

355 „Furchtbar lieb" bedeutet hier so viel wie „sehr lieb".

✎ *Hinweis: Die Adjektive „furchtbar" und „lieb" widersprechen sich eigentlich. Durch die Verwendung von „furchtbar" als Adverb wird die Intensität verstärkt.*

356 [X] Ellipse

✎ *Hinweis: Ein elliptischer Satz ist ein unvollständiger Satz. Durch das Auslassen von Satzteilen soll ein besonders gefühlsbetonter Moment ausgedrückt werden.*

357

	Nummer
a) „... das jüngste von vier Geschwistern zu sein ..." (Z. 39 f.)	3
b) „Meine ältere Schwester sah mich prüfend an." (Z. 11)	2

✎ *Hinweis: Es handelt sich in der Aufgabe um die Steigerungsstufen der Adjektive. Du erkennst den Komparativ am Anhängsel -er(e): alt – älter – am ältesten, den Superlativ am -st(e): jung – jünger – am jüngsten.*

481

Unterstreichung	Umformulierung
a) „Die Gruppenarbeitsatmosphäre (…) war cool und hat mir generell gut gefallen." (Zeile 1 f.)	Die Gruppenarbeitsatmosphäre (…) war hervorragend und hat mir generell gut gefallen."
b) „… dass wir das als Gruppe gut hingekriegt haben." (Zeile 15 f.)	„dass wir das als Gruppe gut gelöst haben."

Hinweis: Die Wörter „cool" und „hingekriegt" sind umgangssprachliche Wendungen. Unterstreiche sie in der linken Spalte. Sie müssen gegen ein Wort aus der Standardsprache ausgetauscht werden. Falls dir das schwerfällt, stell dir vor, wie dein/e Deutschlehrer/in das ausdrücken würde.

482

Streichung	Korrektur
a) „Am Anfang hatten fast alle aus unserer Gruppe denn Film gemeinsam gesehen …" (Zeile 2 f.)	„Am Anfang hatten fast alle aus unserer Gruppe den Film gemeinsam gesehen …"
b) „Als es dann ans arbeiten ging, fanden die meisten schnell eine Aufgabe …" (Zeile 7)	„Als es dann ans Arbeiten ging, fanden die meisten schnell eine Aufgabe …"
c) „Wir müssen beim nächsten mal die Arbeitsblätter gemeinsam durchgehen …" (Zeile 14)	„Wir müssen beim nächsten Mal die Arbeitsblätter gemeinsam durchgehen …"

Hinweis: zu a) Hier wird der Artikel „den" falsch geschrieben. („Denn" ist eine Konjunktion und leitet einen Teilsatz ein.)
zu b) Hier wird das Verb „arbeiten" nominalisiert und deshalb großgeschrieben. Du erkennst es an der Präposition „ans": = an + das Arbeiten.
zu c) Hier wird das Nomen „Mal" falsch geschrieben. Du erkennst es am Artikel „das".

483 a) „Auch wenn es zeitweise so aussah, als ob wir es nicht mehr schaffen würden, verlief unsere Präsentation ja doch relativ problemlos." (Zeile 11–13)

b) „Besonders Anna war oft ein kleiner Störfaktor, da sie oft Kommentare abgegeben hat, die nicht immer passend waren." (Zeile 8–10)

Hinweise: zu a) „Auch wenn es zeitweise so aussah, …" = NS, eingeleitet durch Konjunktion „auch", finites Verb an letzter Stelle

„... als ob wir es nicht mehr schaffen würden, ..." = NS, eingeleitet durch Konjunktion *„als"*, *finites Verb* an letzter Stelle
„... verlief unsere Präsentation ja doch relativ problemlos." = HS, *finites Verb* an zweiter Stelle
zu b) *„Besonders Anna war oft ein kleiner Störfaktor, ..."* = HS, finites Verb an zweiter Stelle *„... da sie oft Kommentare abgegeben hat, ..."* = NS, eingeleitet durch Konjunktion *„da"*, *finites Verb* an letzter Stelle
„ ... die nicht immer passend waren." = Relativsatz, eingeleitet durch *Relativpronomen „die"*

484

Streichung	Korrektur
Insgesamt hat mir die Arbeit an ein Filmprojekt gut gefallen, weil es Spaß gemacht hat und man etwas gelernt hat. (Z. 17 f.)	Insgesamt hat mir die Arbeit an einem Filmprojekt gut gefallen, weil es Spaß gemacht hat und man etwas gelernt hat.

Hinweis: Du kannst fragen: Die Arbeit woran (oder *an wem*) hat dir gefallen? Antwort: Die Arbeit an *einem* Filmprojekt. An dem Fragewort *„wem?"* erkennst du den Dativ.

485

Ausgangssätze	Umformulierung
Am Anfang haben fast alle aus unserer Gruppe denn Film gemeinsam gesehen und darüber gesprochen. Am nächsten Tag haben wir Gruppen gebildet.	Anfangs hatten fast alle aus unserer Gruppe denn Film gemeinsam gesehen und darüber gesprochen.

Hinweis: Ersetze das *„Am Anfang"* aus dem ersten Satz durch eine synonyme Wendung. Achte darauf, dass der Sinn der Aussage nicht verändert wird. Richtig wären: Zu Beginn, Zuerst, Zunächst, u. a.

```
Pro-Argumente und Belege
    Nummer       +      Buchstabe
 •   1                      f
 •   4                      c
 •   7                      g
 •   8                      e
```

Hinweis: *Lies dir zuerst die These noch mal durch: Es wird behauptet, dass es sinnvoll (= gut) sei, wenn alle Schulabgänger verpflichtet sind, ein „Soziales Jahr" zu absolvieren. Lies dir nun alle Argumente durch. Kennzeichne die Argumente, die diese These unterstützen, als „Pro-Argumente". Aus der Aufgabenstellung kannst du erkennen, dass es genau vier Stück sind. Überprüfe, ob die restlichen vier Argumente das Gegenteil unterstützen, nämlich das es nicht sinnvoll ist, wenn jeder Schulabgänger ein „Soziales Jahr" absolviert. Ordne nun jedem Argument ein Beleg zu. Beginne mit den eindeutigen Zuordnungen:*

```
Kontra-Argumente und Belege
    Nummer       +      Buchstabe
 •   2                      h
 •   3                      a
 •   5                      b
 •   6                      d
```

1 f: *Verantwortung übernehmen – Betreuung ...,*
2 h: *Einschränkung persönlicher Entfaltungsmöglichkeiten – ... abgeschlossener Ausbildungsvertrag geht verloren,*
3 a: *Abbau von Arbeitsplätzen – billige Arbeitskräfte,*
4 c: *neue Kulturen – Ausland,*
5 b: *bereits ehrenamtlich ... – schon seit drei Jahren ...,*
6 d: *begrenztes Angebot an Stellen ... – ... übersteigt die Zahl der angebotenen Plätze ...,*
7 g: *... Berufsfeld erkunden – Entscheidungshilfe bei der Berufswahl,*
8 e: *... Fähigkeiten ... in allen Berufen – mit anderen kommunizieren und im Team arbeiten können.*

Maxi Musterschüler Schulstraße 1 11111 Berlin	Berlin, den 20. Mai 2009	Absenderadresse und Datum

An
Berlin Aktuell   Empfängeradresse
Scheibenstr. 65
19888 Berlin

Leserbrief zum Thema: Aufregende Abende, kurzfristige   Bezug zum Zeitschriften-
Verabredungen – Das Handy verändert das Verhalten Ju-   text / Thema
gendlicher

Sehr geehrte Damen und Herren,   Anrede
in Ihrer letzten Ausgabe las ich Ihren interessanten Artikel   Sachlage
zum Thema Verhaltensveränderung bei Jugendlichen durch
das Handy.
Auch mein Leben hat sich durch das Handy verändert.   persönlicher Bezug
Deshalb frage ich mich, ob es gut ist, dass Jugendliche   Erörterungsfrage
sich anders verabreden oder die Abende anders gestalten
durch das Nutzen von Handys.
Zum einen haben sich Kulturveranstaltungen in den letzten   Pro-Argument 1
Jahren verändert. Einige Konzerte oder Raves werden sehr
kurzfristig organisiert. Durch eine SMS kann ich mich   Bezug 1
spontan mit meinen Freunden verabreden.
Zum anderen langweile ich mich mit meinem Handy selte-   Pro-Argument 2
ner als früher. Mit den meisten Handys kann man heutzutage   Bezug 2
fotografieren oder kleine Filme drehen. So kann ich Schnapp-
schüsse von lustigen Situationen machen oder Sehenswürdigkeiten und Freunde fotografieren.
Zugegeben, manchmal nerven mich Handys auch.   Wendepunkt
Wenn ich mich mit einem Freund treffe, um über etwas Per-   Gegenargument 1
sönliches zu sprechen, und das Handy klingelt, ist es manch-   Bezug 1
mal sehr ärgerlich. Das Gespräch wird unterbrochen, dabei
habe ich schon manchmal den letzten Gedanken oder auch
das Vertrauen verloren.
Außerdem stört viele Jugendliche, dass sie ständig von ihren   Gegenargument 2
Eltern kontrolliert werden können. Auch wenn es in unse-   Beleg 2
rer Familie klare Absprachen gibt, ruft meine Mutter mich
manchmal an und fragt, wo ich bin und wann ich endlich

nach Hause komme. Das ist mir vor Gleichaltrigen oft peinlich.

Doch insgesamt unterstütze ich die Veränderungen, die durch den möglichen ständigen Einsatz von Handys eingetreten sind. Denn besonders in Gefahrensituationen oder um Hilfe zu holen ist das Handy für Jugendliche überwiegend nützlich.

Ergebnis

Pro-Argument 3

Mit freundlichen Grüßen

Grußformel

Ihr treuer Leser

Maxi Musterschüler

Unterschrift

🖉 **Hinweis:** *Du sollst einen Brief schreiben, der eine Stellungnahme verlangt. Also musst du die formalen Kriterien für einen Leserbrief (Briefkopf, Anrede, Verabschiedung, Ich-Form) und für eine Stellungnahme (Erörterungsfrage, Argumente, Gegenargumente, jeweilige Belege, Ergebnis) kombinieren.*
Die These lautet: Das Handy hat das Verhalten von Jugendlichen verändert. Entscheide dich, ob es gut oder schlecht ist, dass das Handy das Verhalten Jugendlicher verändert (= Entscheidungsfrage). Stimmst du der Frage zu, sind die Argumente der Aufgabenstellung die Pro-Argumente. Die Belege kannst du entwickeln, wenn du dir vorstellst, wie es ist, wenn dein Handy nicht funktioniert. Du findest zwei Gegenargumente, wenn du dir überlegst, was dich an dem ständigen Handyklingeln in unserer Umgebung manchmal nervt. Zum Abschluss solltest du deinen Standpunkt noch einmal untermauern.
Vergiss nicht, den Leserbrief zu unterschreiben.

1 **Der wahre Entdecker Amerikas**
Alexander von Humboldt – Er forschte im Regenwald am Amazonas,
in deutschen Bergwerken und in den eisigen Gebirgen Sibiriens.
Kerstin Viering

1 Schon zu Lebzeiten war Alexander von Humboldt eine Legende. Charles Darwin,
der Vater der Evolutionstheorie, nannte ihn den größten reisenden Wissenschaftler, der jemals gelebt hat. Und auch andere Zeitgenossen überboten einander mit
Lobeshymnen auf den Forscher.

5 Dabei hatte zunächst nichts darauf hingedeutet, dass es der jüngere Sohn des
preußischen Offiziers Alexander Georg von Humboldt und seiner Frau Marie
Elisabeth zum Helden der Wissenschaft bringen würde. Im Berliner Schloss Te-
gel, dem Wohnsitz der Familie, hatten die größeren Hoffnungen immer auf seinem
zwei Jahre älteren Bruder Wilhelm geruht. Der am 14. September 1769 geborene
10 Alexander galt als weniger talentiert. Entsprechend wurde Wilhelm 1787 zum
prestigeträchtigen Jurastudium nach Frankfurt an der Oder geschickt, während
sich Alexander an derselben Universität für den weniger angesehenen Studien-
gang namens Kameralistik einschrieb. Dort erwarb man die Voraussetzungen für
einen Verwaltungsposten im Staatsdienst.

15 Alexander merkte schnell, dass er nicht am richtigen Platz war. 1789 wech-
selte er an die Universität Göttingen, um Chemie und Physik zu studieren. Die
Idee, ferne Landstriche zu erkunden, faszinierte ihn schon damals. Entsprechend
begeistert war er, als er den Naturforscher Georg Forster kennen lernte, der mit
James Cook um die Welt gesegelt war. Mit Forster unternahm Humboldt seine
20 erste Forschungsreise nach England. Auf dem Rückweg kamen sie durch das von
der Revolution 1789 bewegte Paris, dessen Atmosphäre Humboldt tief beein-
druckte.

Eine Art eigene Revolution zettelte Humboldt an, als ihm 1792 nach einem
Schnellstudium an der Bergakademie im sächsischen Freiberg von der preußi-
25 schen Regierung die Verantwortung für den Bergbau im Frankenwald und im
Fichtelgebirge übertragen wurde. Dort verbesserte er Abbauverfahren, machte
marode[1] Bergwerke profitabel und erfand eine Gasmaske, mit der sich Bergarbeiter gegen giftige Grubengase schützen konnten.

Als seine Mutter im Jahr 1796 starb, hängte Humboldt seine vielversprechen-
30 de Karriere im Staatsdienst sofort an den Nagel. Sein ansehnliches Erbe wollte er
nun in eine Reise nach Westindien investieren – jenen damals aufregend unbekannten Landstrich, zu dem große Teile Mittel- und Südamerikas gerechnet wur-

den. So schrieb er in einem Brief an einen Kollegen: „Ich präpariere mich noch einige Jahre und sammele Instrumente, ein bis anderthalb Jahre bleibe ich in Itali-
35 en, um mich mit Vulkanen genau bekannt zu machen, dann geht es über Paris nach England ... und dann mit englischen Schiffen nach Westindien."

Napoleons Feldzüge und allerlei politische Verwicklungen verzögerten die Umsetzung seiner Reisepläne. Erst am 5. Juni 1799 stachen Humboldt und der französische Botaniker Aimé Bonpland in der spanischen Hafenstadt La Coruña
40 an Bord der Pizarro in See. Obwohl in der Mannschaft Typhus ausbrach und die Seekarten ungenau waren, erreichte das Schiff ohne große Verzögerung am 16. Juli 1799 die Küste des heutigen Venezuela. Alexander schrieb an seinen Bruder Wilhelm Humboldt: „Wie die Narren laufen wir bis jetzt umher; in den ersten drei Tagen können wir nichts bestimmen, da man immer einen Gegenstand
45 wegwirft, um einen anderen zu ergreifen."

Die beiden Forscher reisten weiter nach Caracas und erkundeten in einem Einbaum die Flüsse Apure, Orinoco, Rio Atabapo und Rio Negro. In 75 Tagen legten sie 2 250 Kilometer zurück und fanden dabei heraus, dass die gewaltigen Flusssysteme des Orinoco und des Amazonas über den Rio Casiquiare miteinander
50 verbunden sind – eine Tatsache, die Geografen bis dahin für unmöglich gehalten hatten.

Bequem war die Reise nicht. Die Forscher hockten beengt zwischen Messgeräten und Käfigen voller gefangener Vögel und Affen, während sich Moskitoschwärme auf sie stürzten. Die Verpflegung bestand vor allem aus Reis, Amei-
55 sen, Maniokwurzeln und Flusswasser – und ab und zu einem Affen. Doch die Strapazen machten Humboldt nichts aus: „Die Tropenwelt ist mein Element, und ich bin nie so ununterbrochen gesund gewesen als in den letzten zwei Jahren."

Weitere Expeditionen führten die Forscher nach Kuba und durch die heutigen Staaten Kolumbien, Ecuador und Peru. Zwar kamen sie 1802 nicht bis zum
60 Gipfel des 6 310 Meter hohen Vulkans Chimborasso in Ecuador, der damals als höchster Berg der Erde galt. Die Höhenkrankheit zwang die Forscher zur Umkehr. Doch bei dem Versuch stellten sie einen Höhenweltrekord auf, der erst 30 Jahre später gebrochen wurde.

Über Mexiko und die USA segelten die beiden Forscher schließlich 1804
65 nach Europa zurück – im Gepäck hatten sie eine reiche Ausbeute von Notizen und Messwerten von geologischen Besonderheiten sowie bis dahin unbekannten Pflanzen und Tieren. Die folgenden Jahre verbrachte Humboldt größtenteils in Paris, wo er die Reise auswertete und umfangreiche Bücher darüber schrieb. 1827 kehrte er nach Berlin zurück.

70 1829 machte Humboldt noch eine weitere große Forschungsreise nach Sibirien. Seinen wissenschaftlichen Ruhm und seine Popularität hat Humboldt seiner Amerikareise zu verdanken. Dort wurden eine Meeresströmung, mehrere Berge und Flüsse sowie etliche Tiere und Pflanzen nach ihm benannt. „Alexander von

Humboldt hat Amerika mehr Wohltaten erwiesen als alle seine Eroberer", urteilte
75 der südamerikanische Unabhängigkeitskämpfer Simón Bolívar. „Er ist der wahre
Entdecker Amerikas."

Quelle: Berliner Zeitung, 6. 5. 2009.

1 marode = heruntergekommene

Lesekompetenz – Aufgaben zu Text 1
„Der wahre Entdecker Amerikas"

Punkte

101 Füllen Sie die noch fehlenden Angaben zu Alexander von Humboldt
in folgendem Formular aus.

4

Alexander von Humboldt	
a) Geburtsdatum	
b) Vater	
c) Mutter	
d) Geschwister	
e) Wohnsitz der Familie	
f) Studium I	
g) Studium II	
h) Studium III	

102 Die Hoffnungen der Eltern ruhten auf dem zwei Jahre älteren Bruder
Wilhelm. Notieren Sie den dafür angeführten Grund aus dem Text.

1

_____

103 Ordnen Sie den Jahreszahlen eine im Text genannte Station aus Humboldts Lebenslauf zu.

Jahreszahl	Station im Lebenslauf Humboldts	
a) 1789		1
b) 1799		1
c) 1827		1

2010-3

104 Kreuzen Sie an, welche Ländergruppe Humboldt laut Text zu Forschungszwecken bereiste. 2

a) Länder-gruppe 1 ☐	b) Länder-gruppe 2 ☐	c) Länder-gruppe 3 ☐	d) Länder-gruppe 4 ☐
China Griechenland Kuba	China Südamerika Sibirien	Sibirien Kuba Südamerika	England Italien Griechenland

105 Welche Gebiete ordnete man zu Zeiten Humboldts laut Text „Westindien" zu? 1

☐ den gesamten amerikanischen Kontinent

☐ große Teile Mittel- und Südamerikas

☐ alle Länder, die Humboldt bereiste

☐ große Teile Indiens

106 Wie konnte Humboldt seine Westindien-Reise finanzieren? 1

_____

107 Humboldt brauchte 75 Tage, um das heutige Venezuela zu erreichen. Notieren Sie aus ihrem Alltagswissen einen möglichen Grund, warum die Reise so lange gedauert hat. 1

_____

108 Humboldt unternahm viele Reisen in fremde Länder mit dem Ziel, … 3

	richtig	falsch
a) die dort lebenden Völker zu unterwerfen.	☐	☐
b) die Pflanzen- und Tierwelt zu erkunden.	☐	☐
c) das Land zu vermessen und geografische Daten zu erhalten.	☐	☐
d) neue Rohstoffquellen in Besitz zu nehmen.	☐	☐
e) Handelsbeziehungen aufzubauen.	☐	☐

109 Im Titel heißt es, Alexander von Humboldt sei der „wahre Entdecker Amerikas", obwohl er Amerika nicht selbst entdeckt hat. Erläutern Sie, was hier damit gemeint ist.　2

_____

_____

110 Alexander von Humboldt selbst war offenbar verwundert, dass er in den Tropen viel gesünder war als zu Hause. Dennoch werden im Text mögliche Gefahrenquellen angedeutet. Notieren Sie zwei.

• _____　1

• _____　1

111 Alexander von Humboldt war ein vielseitiger Wissenschaftler und Forscher. Notieren Sie die im Text genannte Erfindung von ihm.　1

_____

112 Im Text heißt es in einem Zitat Bolívars: „Alexander von Humboldt hat Amerika mehr Wohltaten erwiesen als alle seine Eroberer." (Zeile 73–74). Erläutern Sie, warum Bolívar Humboldt nicht als Eroberer, sondern als Wohltäter beschrieben hat.　2

_____

Lesekompetenz gesamt　23

Sprachwissen und Sprachbewusstsein – Aufgaben zu Text 1　Punkte

151 In Zeile 1–3 findet sich folgendes Satzgefüge: „Charles Darwin, der Vater der Evolutionstheorie, nannte ihn den größten reisenden Wissenschaftler, der jemals gelebt hat." Notieren Sie nur den Hauptsatz.　1

_____

152 In Zeile 9–10 heißt es: „Der am 14. September geborene Alexander galt als weniger talentiert." Notieren Sie für das Wort „talentiert" ein passendes Synonym aus Ihrem Alltagswissen.　1

_____

153 Notieren Sie das vollständige Subjekt des folgenden Satzes: „Erst am 5. Juni 1799 stachen Humboldt und der französische Botaniker Aimé Bonpland in der spanischen Hafenstadt La Coruña an Bord der Pizzaro in See." (Zeile 38–40)   1

---

154 Die im Text zu findende Redewendung „Etwas an den Nagel hängen" (Zeile 29–30) wird meist eher umgangssprachlich benutzt. Ersetzen Sie diese durch eine passende Formulierung aus der Standardsprache.   1

---

155 Bestimmen Sie das Tempus der unterstrichenen Prädikate in den folgenden Sätzen.

	Tempus	
a) Und auch andere Zeitgenossen <u>überboten</u> einander mit Lobeshymnen auf den Forscher. (Zeile 3–4)		1
b) Im Berliner Schloss Tegel [...] <u>hatten</u> die größeren Hoffnungen immer auf seinem zwei Jahre älteren Bruder Wilhelm <u>geruht</u>. (Zeile 7–9)		1
c) Alexander von Humboldt <u>hat</u> Amerika mehr Wohltaten <u>erwiesen</u> als seine Eroberer [...] (Zeile 73–74)		1

156 Im folgenden Satzgefüge steht ein Prädikat im Plusquamperfekt, während alle anderen im Präteritum stehen:
„Entsprechend begeistert war er, als er den Naturforscher Georg Forster kennen lernte, der mit James Cook um die Welt <u>gesegelt war</u>." (Zeile 17–19)

Erläutern Sie, warum an dieser Stelle das Plusquamperfekt gewählt wurde.   1

---

157 Die Autorin verwendet verschiedene Stilmittel. Ordnen Sie dem Zitat die richtige Ziffer zu.

1) Vergleich
2) Personifikation
3) Symbol
4) Metapher

„Wie die Narren laufen wir jetzt umher; …"
(Zeile 43–45)

Nummer

1

158 Bestimmen Sie, um welche Art von Nebensatz es sich bei dem folgenden handelt: „… während sich Moskitoschwärme auf sie stürzten." (Zeile 53–54).

☐ finaler Nebensatz

☐ kausaler Nebensatz

☐ temporaler Nebensatz

☐ konditionaler Nebensatz

1

159 Bestimmen Sie die Satzglieder des folgenden Satzes.

3

a) Mit Forster	
b) unternahm	
c) Humboldt	
d) seine erste Forschungsreise	
e) nach England.	

160 Setzen Sie das Zitat von Simón Bolívar mithilfe des Konjunktiv I in indirekte Rede: „Alexander von Humboldt hat Amerika mehr Wohltaten erwiesen als alle seine Eroberer." (Zeile 73–74)

Simón Bolívar urteilte,

1

_____

_____

161 Im Text gibt es zahlreiche Komposita wie „Landstriche" (Zeile 17).
Notieren Sie ein weiteres, bestehend aus zwei Substantiven, aus den
Zeilen 18–20.   1

162 In Zeile 2–3 heißt es: „… den größten reisenden Wissenschaftler, …".
Erklären Sie mit einer Regel, warum hier kein Komma zwischen den
Adjektiven stehen darf.   1

163 Aus heutiger Sicht läge in dem Satz „Die Tropenwelt ist mein Element, und ich bin nie so ununterbrochen gesund gewesen als in den
letzten zwei Jahren" (Zeile 56–57) ein Grammatikfehler vor. Korrigieren Sie nur die ‚fehlerhafte' Stelle.   1

Sprachwissen und Sprachbewusstsein gesamt   17

2 Die Vermessung der Welt
Daniel Kehlmann

Der im Jahr 2005 erschienene Roman „Die Vermessung der Welt" ist ein raffiniertes Spiel mit Fakten und Erfundenem, ein Abenteuerroman von seltener Fantasie und Kraft. In diesem Romanauszug beschreibt der Autor Daniel Kehlmann, wie Alexander von Humboldt gegen Ende des 18. Jahrhunderts eine Weltreise unternimmt.

1 Nach einem halben Jahr in Neuandalusien hatte Humboldt alles untersucht, was nicht Füße und Angst genug hatte, ihm davonzulaufen. Er hatte die Farbe des Himmels, die Temperatur der Blitze und die Schwere des nächtlichen Raureifs gemessen, er hatte Vogelkot gekostet, die Erschütterungen der Erde erforscht und
5 war in die Höhle der Toten gestiegen.

Mit Bonpland bewohnte er ein weißes Holzhaus am Rand der erst kürzlich von einem Beben beschädigten Stadt. Noch immer rissen Stöße die Menschen nachts aus dem Schlaf, noch immer hörte man, wenn man sich hinlegte und den Atem anhielt, die Bewegungen tief drunten. Humboldt grub Löcher, ließ Ther-
10 mometer an langen Fäden in Brunnen hinab und legte Erbsen auf Trommelfelle. Das Beben werde gewiss wiederkommen, sagte er fröhlich. Die ganze Stadt liege bald in Trümmern.

Abends aßen sie beim Gouverneur, danach wurde gebadet. Stühle wurden ins Flusswasser gestellt, in leichter Kleidung setzte man sich in die Strömung.
15 Hin und wieder schwammen kleine Krokodile vorbei. Einmal biss ein Fisch dem Neffen des Vizekönigs drei Zehen ab. Der Mann, er hieß Don Oriendo Casaules und hatte einen gewaltigen Schnurrbart, zuckte und starrte ein paar Sekunden reglos vor sich hin, bevor er mehr ungläubig als erschrocken seinen unvollständigen Fuß aus dem rot verdunkelten Wasser zog. Er sah mit suchendem Ausdruck
20 um sich, dann sank er zur Seite und wurde von Humboldt aufgefangen. Mit dem nächsten Schiff kehrte er zurück nach Spanien. [...]

Nicht weit von ihrem Haus wurden Menschen versteigert. Muskulöse Männer und Frauen, Ketten um die Fußgelenke, sahen mit leeren Blicken die Landbesitzer an, welche in ihren Mündern stocherten, ihnen in die Ohren sahen [...].
25 Sie befühlten ihre Fußsohlen, zogen an ihren Nasen, prüften ihre Haare [...]. Meist gingen sie danach, ohne zu kaufen, es war ein schrumpfender Wirtschaftszweig. Humboldt erstand drei Männer und ließ ihnen die Ketten abnehmen. Sie begriffen nicht. Sie seien jetzt frei, ließ Humboldt dolmetschen, sie könnten gehen. Sie stierten ihn an. Frei! Einer fragte, wohin sie sollten. Wohin ihr wollt, ant-
30 wortete Humboldt. Er gab ihnen Geld. Zögernd untersuchten sie die Münzen mit ihren Zähnen. Einer setzte sich auf den Boden, schloss die Augen und rührte sich nicht mehr, als gäbe es nichts auf der Welt, das ihn interessieren könnte. Hum-

boldt und Bonpland entfernten sich unter den spöttischen Blicken der Umstehen-
den. Ein paar Mal drehten sie sich um, aber keiner der Freigelassenen sah ihnen
35 nach. Am Abend begann es zu regnen, in der Nacht erschütterte ein neues Beben
die Stadt. Am nächsten Morgen waren die drei verschwunden. Niemand wusste,
wohin, und sie tauchten nie mehr auf. Bei der nächsten Versteigerung blieben
Humboldt und Bonpland zu Hause, arbeiteten bei geschlossenen Läden und gingen erst hinaus, als alles vorbei war.
40   Die Reise zur Chaymas-Mission[1] führte durch dichten Wald. Bei jedem
Schritt sahen sie unbekannte Pflanzen. Der Boden schien nicht genug Platz zu
haben für so viel Bewuchs: Baumstämme pressten sich aneinander, Pflanzen
überdeckten andere Pflanzen, Lianen strichen über ihre Schultern und Köpfe. Die
Mönche der Mission begrüßten sie freundlich, obgleich sie nicht verstanden, was
45 die beiden von ihnen wollten. Der Abt schüttelte den Kopf. Dahinter stecke doch
anderes! Niemand reise um die halbe Welt, um Land zu vermessen, das ihm nicht
gehöre. […]
     Unweit der Mission, in der Höhle der Nachtvögel, lebten die Toten. Der alten
Legenden wegen weigerten sich die Eingeborenen, sie dorthin zu begleiten. Erst
50 nach langem Zureden kamen zwei Mönche und ein Indianer mit. Es war eine der
größten Höhlen des Kontinents, ein sechzig mal neunzig Fuß großes Loch, durch
das so viel Licht einfiel, dass man noch im Berginneren hundertfünfzig Fuß weit
auf Gras und unter Baumwipfeln ging. Dann erst mussten sie Fackeln anzünden.
Hier begann auch das Geschrei.
55   In der Dunkelheit lebten Vögel. Tausende Nester hingen wie Beutel an der
Höhlendecke, der Lärm war ohrenbetäubend. Wie sie sich orientierten, wusste
niemand. Bonpland gab drei Schüsse ab, deren Hall vom Schreien übertönt wurde, und schon sammelte er zwei noch zuckende Körper ein. Humboldt schlug
Gesteinsproben aus dem Fels, maß Temperatur, Luftdruck und Feuchtigkeit und
60 kratzte Moos von der Wand. Ein Mönch schrie auf, als er mit seiner Sandale eine
riesige Nacktschnecke zerquetschte. Sie mussten durch einen Bach waten, die
Vögel flatterten um ihre Köpfe, Humboldt presste die Hände auf seine Ohren, die
Mönche schlugen das Kreuz.
     Hier, sagte der Führer, beginne das Totenreich. Er gehe nicht weiter.
65   Humboldt bot eine Verdoppelung des Lohnes an.
     Der Führer lehnte ab. Dieser Platz sei nicht gut! Und überhaupt, was habe
man hier zu suchen, der Mensch gehöre ans Licht.
     Schön gesagt, brüllte Bonpland.
     Licht, rief Humboldt, das sei nicht Helligkeit, sondern Wissen!
70   […]

Aus: Daniel Kehlmann, Die Vermessung der Welt. Rowohlt 2006, S. 69–73 (in Auszügen).

1 Chaymas-Mission = Unterkunft der Mönche, die die Chaymas-Indianer zum christlichen Glauben
bekehren wollten.

201 Was untersucht Humboldt in Neuandalusien? Notieren Sie ein <u>kon-</u>
<u>kretes</u> Beispiel aus dem Text.   1

_____

202 Der Autor beschreibt, Humboldt habe alles untersucht, „was nicht
Füße und Angst genug hatte, ihm davonzulaufen." (Zeile 1–2).
Damit soll Humboldt als ein Forscher dargestellt werden, der ...   1

☐ Forschungsgegenstände, die still halten, bevorzugt.

☐ vor allem betäubte oder festgebundene Lebewesen erforscht.

☐ ausschließlich Pflanzen und Gesteine untersucht.

☐ an allen Dingen, die er vorfindet, ein Forschungsinteresse entwickelt.

203 Nachfolgend werden verschiedene Aussagen zum gesamten Text ge-
troffen. Kreuzen Sie jeweils an.   3

	richtig	falsch
a) Die freigelassenen Sklaven folgen Humboldt wortlos.	☐	☐
b) Humboldt erwartet wissbegierig ein neues Erdbeben.	☐	☐
c) Humboldt ist sehr erschrocken über den Unfall im Fluss.	☐	☐
d) Humboldt sprengt Tunnel in den Fels.	☐	☐
e) In der Mission werden Humboldt und seine Gefährten freundlich begrüßt.	☐	☐

204 Welche Beweggründe könnten Humboldt veranlasst haben, drei Skla-
ven freizukaufen?   2

_____

2010-11

205 Kreuzen Sie an, welche Aussagen auf das Verhalten der von Humboldt freigekauften Sklaven zutreffen bzw. nicht zutreffen.
Die Sklaven … 3

	richtig	falsch
a) wollen Geld von Humboldt haben.	☐	☐
b) sind dankbar und erleichtert.	☐	☐
c) wissen nicht, wohin sie gehen sollen.	☐	☐
d) wollen bei Humboldt bleiben.	☐	☐
e) sind überrascht und misstrauisch.	☐	☐

206 In Zeile 45–46 heißt es: „Der Abt schüttelte den Kopf. Dahinter stecke doch anderes! Niemand reise um die halbe Welt, um Land zu vermessen, das ihm nicht gehöre." Damit will er ausdrücken, dass er Humboldts … 3

	richtig	falsch
a) Plänen mit Unverständnis begegnet.	☐	☐
b) Plänen misstraut.	☐	☐
c) Pläne für undurchführbar hält.	☐	☐
d) Pläne sabotieren will.	☐	☐

207 In Zeile 54 heißt es: „Hier begann auch das Geschrei."
Notieren Sie, wer schreit. 1

_____

208 Warum will Humboldts Führer nicht weitergehen (Zeile 64)? 1

_____

209 Welche der folgenden Redewendungen verdeutlichen den von Humboldt angesprochenen Vergleich von „Licht" und „Wissen" (Zeile 69)? Kreuzen Sie an. 3

	richtig	falsch
a) Wo viel Licht ist, ist auch viel Schatten.	☐	☐
b) Jemanden hinters Licht führen.	☐	☐

c) Licht ins Dunkel bringen.	☐	☐
d) Jemandem grünes Licht geben.	☐	☐
e) Jemandem geht ein Licht auf.	☐	☐

210 In Zeile 40 ist von einer Reise Humboldts zu einer Mission die Rede.
Kreuzen Sie an, wer in dieser Mission lebt.   1

☐ Regierungsbeamte

☐ Sklaven

☐ Mönche

☐ Nonnen

211 Wie weit können Humboldt und seine Begleiter in die Höhle laufen,
ohne Fackeln anzuzünden?   1

_____

212 Unterstreichen Sie zwei Adjektive, die Humboldt nicht zutreffend
charakterisieren.   2

unerschrocken interessiert besessen gleichgültig ideenreich überfordert

213 Im Text heißt es in Zeile 11 bezogen auf Humboldt: „Das Beben werde gewiss wiederkommen, sagte er fröhlich." Des Weiteren wird in
Zeile 26–27 über den Sklavenhandel gesagt: „… es war ein schrumpfender Wirtschaftszweig." Kreuzen Sie an, welche Haltung des Erzählers gegenüber dem Erzählten hier deutlich wird.   1

	richtig	falsch
a) sachlich berichtend	☐	☐
b) ironisch distanziert	☐	☐
c) stark beschönigend	☐	☐
d) emotional betroffen	☐	☐

Lesekompetenz gesamt   **23**

Sprachwissen und Sprachbewusstsein – Aufgaben zu Text 2

251 Bestimmen Sie Haupt- und Nebensatz in folgendem Satzgefüge.

a) Bonpland gab drei Schüsse ab,		1
b) deren Hall vom Schreien übertönt wurde,		1
c) und schon sammelte er zwei noch zuckende Körper ein.		1

252 Setzen Sie <u>nur</u> das Prädikat des folgenden Satzes „Mit dem nächsten Schiff <u>kehrte</u> er <u>zurück</u> nach Spanien." in folgende Zeitformen.

a) Futur I	er	1
b) Plusquamperfekt	er	1
c) Präsens	er	1

253 Es gibt im Deutschen drei Modi: Indikativ, Imperativ und Konjunktiv. Notieren Sie, in welchem Modus der folgende Satz steht: „Dahinter stecke doch anderes!" (Zeile 45–46). 1

254 In Zeile 29 heißt es: „Sie stierten ihn an." Welches der folgenden Synonyme kann das Verb „stieren" hier passend ersetzen? 1

☐ blinzeln
☐ sehen
☐ starren
☐ blicken

255 Notieren Sie die Wortarten der Wörter des folgenden Satzes. 3

a) Humboldt	
b) presste	
c) die	
d) Hände	
e) auf	
f) seine	
g) Ohren.	

256 Notieren Sie einen Grund dafür, warum Teile des Textes im Konjunktiv verfasst wurden. 2

_____

Sprachwissen und Sprachbewusstsein gesamt   13

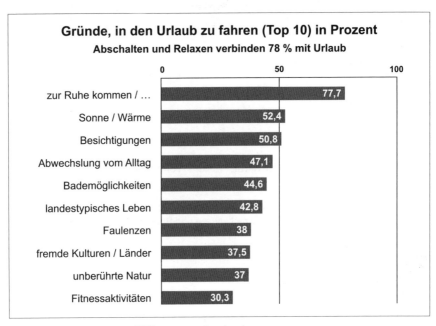

Gründe, in den Urlaub zu fahren (Top 10) in Prozent
Abschalten und Relaxen verbinden 78 % mit Urlaub

zur Ruhe kommen / ...	77,7
Sonne / Wärme	52,4
Besichtigungen	50,8
Abwechslung vom Alltag	47,1
Bademöglichkeiten	44,6
landestypisches Leben	42,8
Faulenzen	38
fremde Kulturen / Länder	37,5
unberührte Natur	37
Fitnessaktivitäten	30,3

Quelle: ADAC Reise Monitor 2009 – www.media.adac.de

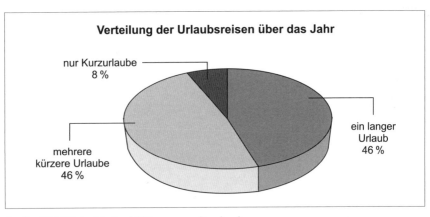

Verteilung der Urlaubsreisen über das Jahr

nur Kurzurlaube
8 %

ein langer
Urlaub
46 %

mehrere
kürzere Urlaube
46 %

Quelle: ADAC Reise Monitor 2009 – www.media.adac.de

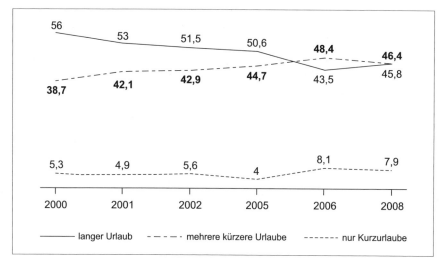

Quelle: ADAC Reise Monitor 2009 – www.media.adac.de

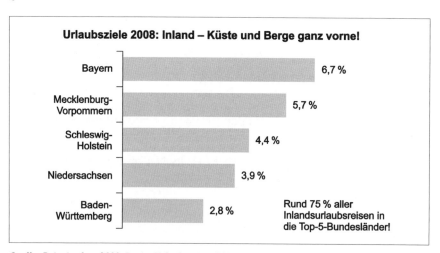

Quelle: ReiseAnalyse 2009, Basis: Urlaubsreisen 2008

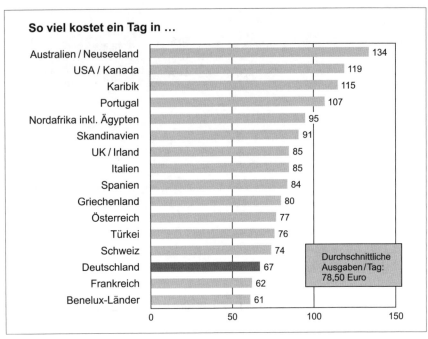

So viel kostet ein Tag in ...

Australien / Neuseeland	134
USA / Kanada	119
Karibik	115
Portugal	107
Nordafrika inkl. Ägypten	95
Skandinavien	91
UK / Irland	85
Italien	85
Spanien	84
Griechenland	80
Österreich	77
Türkei	76
Schweiz	74
Deutschland	67
Frankreich	62
Benelux-Länder	61

Durchschnittliche
Ausgaben/Tag:
78,50 Euro

0   50   100   150

Quelle: 25. Deutsche Tourismusanalyse vom 4. 2. 2009; Forschung aktuell 216.

Lesekompetenz – Aufgaben zu den Grafiken „Wie die Deutschen reisen"

Punkte

301 In einer Grafik werden die Motive der Deutschen genannt, in den Urlaub zu fahren. Notieren Sie die drei wichtigsten.

1

302 In welches Bundesland reisen die Deutschen am liebsten?

1

303 Wie viel kostet in Deutschland ein Urlaubstag?

1

304 Notieren Sie, ob die Kosten für einen Urlaubstag in Deutschland über- oder unterdurchschnittlich sind.

1

305 Welche Art des Urlaubs unterliegt bis 2005 einem stetigen Anstieg? 1

☐ ein langer Urlaub

☐ mehrere lange Urlaube

☐ mehrere kürzere Urlaube

☐ nur Kurzurlaube

306 In einer Grafik heißt es: „So viel Euro kostet ein Tag in …". Welche Kosten sind damit gemeint? Notieren Sie zwei Beispiele aus Ihrem Alltagswissen.

a) _____ 1

b) _____ 1

307 Die Grafiken treffen Aussagen über verschiedene Bereiche zum Reiseverhalten der Deutschen. 2

a) Aussagen zu den Bereichen: ☐	b) Aussagen zu den Bereichen: ☐
– Beliebtheitsgrad der Bundesländer – Transportmittel – anfallende Kosten	– Gründe für die Urlaubsreise – beliebteste Reiseländer – Transportmittel
c) Aussagen zu den Bereichen: ☐	d) Aussagen zu den Bereichen: ☐
– Dauer des Urlaubs – anfallende Kosten – Gründe für die Urlaubsreise	– anfallende Kosten – Gründe für die Urlaubsreise – beliebteste Reiseländer

308 Unterstreichen Sie die Formen grafischer Darstellung, die für die vorliegenden Grafiken gewählt wurden. 1

Balkendiagramm   Tabelle   Kreisdiagramm geografische Karte   Kurvendiagramm

309 Notieren Sie einen Grund aus Ihrem Alltagswissen, weshalb eine Reise nach Australien oder in die USA so viel teurer ist als nach Österreich.   1

_____

310 Sie möchten eine Auslandsreise machen und haben in Ihrer Urlaubs-
kasse ein Budget von 70 Euro pro Tag vorgesehen. Wählen Sie ein
Land aus, in das Sie reisen könnten.   1

_____

311 Betrachten Sie den Entwicklungsverlauf eines langen Urlaubs im
Vergleich zu mehreren kürzeren Urlauben im Zeitraum von 2000 bis
2005. Formulieren Sie dazu eine zutreffende Aussage.   2

_____

Lesekompetenz gesamt   14

4 Schreibkompetenz – Überarbeiten eines Schülertextes

Die Schüler der Klasse 10 a sollten im Deutschunterricht eine Beschreibung von Johnny Depp als Captain Jack Sparrow schreiben. Leider gibt es im folgenden Text einige Fehler, die überarbeitet werden müssen. Verbessern Sie nur den jeweiligen Rechtschreib-, Zeichensetzungs-, Grammatik- und Ausdrucksfehler, wobei die Grammatikfehler unterschiedlicher Art sein können, z. B. Fehler in der Lexik, beim Kasus usw. (Keine Sätze abschreiben!)

Punkte

481	**Filmkritick**	R: _____ 1
482	Johnny Depp als Captain Sparrow ist ein Schauspieler beim „Fluch der Karibik".	Gr (Präposition): _____ _____ 1
483	Der Typ, den ihr seht, ist ein berühmter Star in Hollywood.	A: _____ 1
484	Jeder, der ihn kennt, weiß, das er geschminkte braune Augen hat.	Gr (Konjunktion): _____ 1
485	Der blausielbrige Eyeliner mit dunkelbraunem Lidschatten erzeugt einen schönen Kellerlocheffekt um die Augen.	_____ 1
486	Auf sein Kopf hat er geflochtene schwarzbraune Rastahaare mit Schmuckkettchen.	Gr (Kasus): _____ 1
487	Ausserdem trägt er ein rotes Piratenkopftuch.	R: _____ 1

488	Die Augenbrauen sind dunkel, man kann sie unter dem Kopftuch gerade noch hervorsehen.	Gr (Lexik):	1
489	Um seine Hüfte hat er eine Bauchbinde gestriffen.	Gr (Lexik):	1
490	An den Fingern trägt er fette Ringe und darüber Armbänder am Handgelenk.	A:	1
491	Sein ovales Gesicht ist ziehmlich stark gebräunt und seine Nase ist schmal, der Mund ausdrucksvoll.	R:	1
492	In seiner Rolle als Pirat wirkt Johnny Depp sicher als Traumtyp, gar nicht brutal aber trotzdem wild und abenteuerlustig.	Z: Verbessern Sie im Text!	1

Schreibkompetenz gesamt 12

Die Selbstdarstellung im Internet gewinnt für Jugendliche immer größere Bedeutung.

Erörtern Sie die Vor- und Nachteile, die das Einstellen persönlicher Inhalte ins Internet mit sich bringt.
– Lesen Sie zunächst die Argumente und Belege. (Achtung! Argumente und Belege sind noch nicht nach Zusammengehörigkeit geordnet!)
– Entscheiden Sie sich anschließend für eine eigene Position.

Argumente:

1. Das Internet ermöglicht die weltweite Verbreitung eigener Talentvideos.
2. Die Weitergabe einiger persönlicher Daten ist sowieso unumgänglich.

3. Das Internet kann ein „Karrierekiller" sein.
4. Persönliche Daten können von Fremden missbraucht werden.

5. Das Internet „vergisst" nichts.
6. Persönliche Beziehungen können aufgrund der eigenen Selbstdarstellung gestört werden.

7. Es gibt Möglichkeiten, persönliche Daten im Internet zu schützen.
8. Man kann sehr viele Kontakte knüpfen und sich vernetzen.

Belege:

a) Plattenfirmen suchen neue Talente im Internet.
b) Unter deinem Namen werden bei eBay Geschäfte getätigt.
c) Bei Online-Käufen muss man z. B. Namen und Adresse angeben.

e) Man kann ins Internet gestellte Fotos durch die Vergabe von Passwörtern ausschließlich Freunden zugänglich machen.
f) Scheinbar gelöschte Daten können wiederhergestellt werden.
g) Arbeitgeber informieren sich zunehmend bei Schüler-VZ und finden unseriöse Fotos.

d) Enge Freunde wenden sich ab, nachdem sie deine Videos auf YouTube gesehen haben.

h) Berufliche und private Beziehungen können gepflegt und erweitert werden.

Aufgabe:

1. Vervollständigen Sie das nachstehende Gliederungsraster. Gehen Sie dabei wie folgt vor:
   a) Wählen Sie aus den vorgegebenen Argumenten jeweils zwei Pro- und zwei Kontra-Argumente aus.
   b) Stützen Sie Ihre Argumente mit jeweils einem der genannten Belege.
   c) Ergänzen Sie stichwortartig Ihre Überlegungen für Einleitung und Schluss, wobei der Schluss Ihre persönliche Meinung widerspiegeln soll.

Gliederungsraster:

	1. Einleitung		
	1. Einleitung		
581	Bezug zum Thema		
			2
582	Persönliche Erfahrungen oder aktueller Anlass		2
	2. Hauptteil		
	2.1 These	Das Einstellen persönlicher Inhalte eröffnet Chancen und ist unbedenklich.	
583	2.1.1 Argument	•	1
584	Beleg	•	1
585	2.1.2 Argument	•	1
586	Beleg	•	1

	2.2 Gegenthese	Das Einstellen persönlicher Inhalte ist riskant.	
587	2.2.1 Argument	●	1
588	Beleg	●	1
589	2.2.2 Argument	●	1
590	Beleg	●	1
		3. Schluss	
591	3. Schluss Fazit		2
592	eigene Positionierung/ Ausblick		2

Schreibkompetenz gesamt 16

6 Schreibkompetenz – Umsetzung eines Schreibplans: Verfassen einer Erörterung

Verfassen Sie eine Erörterung gemäß Ihrer Gliederung in Aufgabe 5.

681 Einhaltung der Gliederung   4

682 Schreibfunktion   3

683 Originalität/Einfallsreichtum   3

684 Sprachliche Darstellungsleistung   4

685 Sprachliche Korrektheit (Grammatik)   3

686 Sprachliche Korrektheit (Rechtschreibung/Zeichensetzung)   3

687 Leserfreundliche Form (Übersichtlichkeit/Schriftbild)   2

Schreibkompetenz   **22**

Lösungsvorschläge

1   Der wahre Entdecker Amerikas *(Kerstin Viering)*

Lesekompetenz – Aufgaben zu Text 1 „Der wahre Entdecker Amerikas"

101

Alexander von Humboldt	
a) Geburtsdatum	14. September 1769
b) Vater	(preußischer Offizier) Alexander Georg (von Humboldt)
c) Mutter	Marie Elisabeth (von Humboldt)
d) Geschwister	Wilhelm (von Humboldt)
e) Wohnsitz der Familie	Schloss Tegel, Berlin
f) Studium I	Kameralistik (an der Universität in Frankfurt an der Oder)
g) Studium II	Chemie und Physik (an der Universität Göttingen)
h) Studium III	Schnellstudium an der Bergakademie (in Freiberg)

Hinweis: Du findest die richtigen Antworten im Text: a) Z. 9/10, b) Z. 6, c) Z. 6/7, d) Z. 9, e) Z. 7/8, f) Z. 12/13, g) Z. 16, h) Z. 24.
Der Umfang der Antworten kann unterschiedlich sein, der Teil in den Klammern ist nicht unbedingt notwendig.

102 Der zwei Jahre ältere Bruder Wilhelm galt als talentierter.

Hinweis: Du findest die richtige Antwort in Z. 8–10.

103

Jahreszahl	Station im Lebenslauf Humboldts
a) 1789	Alexander wechselt an die Universität Göttingen, um Chemie und Physik zu studieren. *oder:* Er unternimmt eine erste Forschungsreise nach England. *oder:* Er besucht das von der Revolution 1789 bewegte Paris, was ihn sehr beeindruckt.

b) 1799	Alexander sticht in Spanien in See.
	oder: Alexander reist nach Venezuela.
c) 1827	Alexander kehrt nach Berlin zurück.

Hinweis: Du findest die richtigen Antworten im Text. Zum Teil sind mehrere Antworten richtig. a) Z. 15/16 oder 19/20 oder 20–22, b) Z. 38–40 oder 41/42, c) Z. 68/69.

104

a) Länder-gruppe 1 ☐	b) Länder-gruppe 2 ☐	c) Länder-gruppe 3 ☒	d) Länder-gruppe 4 ☐
China Griechenland Kuba	China Südamerika Sibirien	Sibirien Kuba Südamerika	England Italien Griechenland

Hinweis: Im Text werden mehrere Länder genannt, in die er reist. Unterstreiche diese. Du wirst feststellen, dass nur die in Antwort c) angegebenen Länder alle genannt werden. Sibirien in Z. 70/71, Kuba in Z. 58 und Südamerika in Z. 32. Außerdem gibt es im Text keine Hinweise, dass Alexander in China bzw. Griechenland war.

105 ☒ große Teile Mittel- und Südamerikas

Hinweis: Du findest die richtige Antwort in Z. 31/32.

106 Seine Mutter war 1796 gestorben. Er finanzierte die Reise mit seinem Erbe.

Hinweis: Du findest die richtige Antwort in Z. 29–31.

107 Die Reise dauerte 75 Tage, da man damals mit Segelbooten unterwegs war. Es kam auf die Windverhältnisse an, wie schnell die Schiffe unterwegs waren.

oder: Es gab noch keine Motorboote oder Flugzeuge.

Hinweis: Es gibt verschiedene Antwortmöglichkeiten. Denke darüber nach, wie man im Jahr 1799 lebte. Der elektrische Strom war noch nicht erfunden. Es gab noch keine Motoren, um Schiffe anzutreiben, und auch noch keine Flugzeuge. Möglicherweise hast du dich in deiner Antwort auf den Textabschnitt Zeile 47–50 bezogen, da dort die Angabe „75 Tage" geschrieben steht. Diese Antworten werden auch als richtig bewertet.

108

		richtig	falsch
a)	die dort lebenden Völker zu unterwerfen.	☐	☒
b)	die Pflanzen- und Tierwelt zu erkunden.	☒	☐
c)	das Land zu vermessen und geografische Daten zu erhalten.	☒	☐
d)	neue Rohstoffquellen in Besitz zu nehmen.	☐	☒
e)	Handelsbeziehungen aufzubauen.	☐	☒

Hinweis: Es gibt im Text nur Hinweise auf die Antworten b) (Z. 66/67 bzw. 53) und c) (Z. 46–51 bzw. 66). Dafür sprechen auch die Angaben ab Zeile 70: sein wissenschaftlicher Ruhm und seine Popularität, eine Meeresströmung, Berge und Flüsse, Tiere und Pflanzen, die nach ihm benannt wurden.

109 Alexander von Humboldt hat Amerika nicht selbst entdeckt, aber die Geografie und Biologie des Kontinents erforscht. Dabei hat er vieles herausgefunden, was man über Amerika noch nicht wusste. Diese Erkenntnisse hat er in umfangreichen Büchern ausgewertet.

Hinweis: Mit dieser Formulierung wird darauf Bezug genommen, dass Christopher Kolumbus Amerika als Kontinent entdeckt hat. Hier sollst du begründen, wieso Alexander von Humboldt als „wahrer Entdecker Amerikas" bezeichnet wird. Du findest diese Bezeichnung in der Überschrift und im letzten Abschnitt (Z. 75/76). Seine „Wohltaten" (vgl. Z. 74) für Amerika werden ab Z. 46 genannt. In deiner Antwort muss deutlich werden, dass er den Kontinent als Erster erforscht hat, auch wenn er ihn nicht als Erster betreten hat.

110 Mögliche Gefahrenquellen waren:
• Moskitos
• einseitige Ernährung
• Trinken von Flusswasser
Hinweis: Du findest mehrere Antworten in Z. 52–55.

111 Er erfand eine Gasmaske, mit der sich Bergarbeiter gegen giftige Grubengase schützen konnten.
Hinweis: Du findest die richtige Antwort in Z. 27/28.

112 Es ging Humboldt nicht um die Eroberung und Ausbeutung von Amerikas Kultur- und Bodenschätzen und die Unterwerfung der Bevölkerung wie anderen Eroberern, sondern um die Erforschung.

Hinweis: In deiner Antwort soll deutlich werden, dass Humboldt weder Ausbeutung noch Unterwerfung zum Ziel hatte.

Sprachwissen und Sprachbewusstsein – Aufgaben zu Text 1

151 Charles Darwin <u>nannte</u> ihn den größten reisenden Wissenschaftler.

Hinweis: Du erkennst einen Hauptsatz an der Stellung des <u>gebeugten/finiten Verbs</u> direkt neben dem Subjekt. Das Subjekt ist hier „Charles Darwin". „Der Vater der Evolutionstheorie" ist eine nachgestellte nähere Bestimmung und „der jemals gelebt hat" ist ein Nebensatz.

152 begabt *oder* fähig

Hinweis: Überlege, wie jemand genannt wird, der ein Talent hat. Achte darauf, dass es sich um ein Adjektiv handelt und auch stilistisch passt.

153 Humboldt und der französische Botaniker Aimé Bonpland

Hinweis: Den Satzgegenstand (Subjekt) ermittelst du mithilfe der Frage „Wer oder Was? (stachen erst am 5. Juni 1799 in der spanischen Hafenstadt La Coruna an Bord der Pizzaro in See?)". Die Zahl des Subjekts stimmt mit der Zahl des Prädikats überein. Das Prädikat „stach<u>en</u>" verdeutlicht mit seiner Plural-/Mehrzahlendung, dass es sich um mehrere Personen handelt.

154 etwas beenden *oder* etwas abschließen

155

	Tempus
a) Und auch andere Zeitgenossen <u>überboten</u> einander mit Lobeshymnen auf den Forscher. (Z. 3 – 4)	Präteritum
b) Im Berliner Schloss Tegel [...] <u>hatten</u> die größeren Hoffnungen immer auf seinem zwei Jahre älteren Bruder Wilhelm <u>geruht</u>. (Z. 7–9)	Plusquamperfekt
c) Alexander von Humboldt <u>hat</u> Amerika mehr Wohltaten <u>erwiesen</u> als seine Eroberer, [...] (Z. 73–74)	Perfekt

156 Das Plusquamperfekt wird verwendet, um aus dem Präteritum auf ein Ereignis zu verweisen, das zeitlich noch vorher stattgefunden hat. Als er den Naturforscher Georg Forster kennenlernte (= Präteritum), war dieser bereits in der Vorvergangenheit mit James Cook um die Welt gesegelt (= Plusquamperfekt).

157

„Wie die Narren laufen wir jetzt umher; ..." (Z. 43–45)

Nummer
1) Vergleich

✦ *Hinweis: Hier wird das Verhalten von Forschern mit etwas verglichen, das aus einem ganz anderen Bereich kommt: dem Verhalten von Narren. Von Forschern nimmt man an, dass sie systematisch und gut durchdacht tätig sind, während man von Narren eher annimmt, dass sie tätig sind, ohne vorher darüber nachzudenken. Die „Gelenkstelle" für den Vergleich ist hier das „wie".*

158 ☒ temporaler Nebensatz

✦ *Hinweis: Im Nebensatz wird etwas ausgesagt, was einen zeitlichen Bezug zum Hauptsatz hat: Die Forscher hockten beengt zwischen Messgeräten und Käfigen voller gefangener Vögel und Affen und wurden außerdem zur gleichen Zeit von Moskitos angegriffen.*

159

a) Mit Forster	(Präpositionales) Objekt
b) unternahm	Prädikat
c) Humboldt	Subjekt
d) seine erste Forschungsreise	Akkusativobjekt
e) nach England.	Adverbiale Bestimmung (des Ortes)

✦ *Hinweis: a) Frage „mit wem? ..."; b) finites Verb, stimmt in Person und Zahl mit dem Subjekt überein; c) Frage: „Wer oder was unternahm mit Forster seine erste Forschungsreise nach England?"; d) Frage: „Wen oder was unternahm Humboldt mit Forster nach England?"; e) Frage: „Wohin unternahm Humboldt mit Forster seine erste Forschungsreise?".*

160 Simón Bolívar urteilte, Alexander von Humboldt habe Amerika mehr Wohltaten erwiesen als alle seine Eroberer.

Hinweis: Der Konjunktiv I wird vom Präsens des Hilfsverbs gebildet: er hat erwiesen → er habe erwiesen.

161 Naturforscher *oder* Forschungsreise

Hinweis: Naturforscher = die Natur + der Forscher
Forschungsreise = die Forschung + die Reise

162 Adjektive verschiedenen Grades werden nicht durch ein Komma voneinander getrennt.

Hinweis: Das Adjektiv „reisender" bezieht sich auf das Nomen „Wissenschaftler". Das Adjektiv „größter" bezieht sich auf die Verbindung „reisender Wissenschaftler".

163 Die Tropenwelt ist mein Element, und ich bin nie so ununterbrochen gesund gewesen <u>wie</u> in den letzten zwei Jahren.

Hinweis: Die Konjunktionen „wie" und „als" verwendet man beim Vergleichen. Wird etwas verglichen, was auf derselben Stufe – also gleich – ist, verwendet man „wie". Wird etwas verglichen, was nicht auf der gleichen Stufe – also ungleich – ist, verwendet man „als" und den Komparativ. Beispiel: so gesund wie in den letzten beiden Jahren ↔ gesünder als in den Jahren davor.

2 Die Vermessung der Welt (Daniel Kehlmann)

Lesekompetenz – Aufgaben zu Text 2 „Die Vermessung der Welt"

201 Humboldt untersucht die Farbe des Himmels.

Hinweis: Hier sind viele verschiedene Antworten möglich. Achte darauf, dass es ein gegenständliches Beispiel aus dem Text ist: Falsch wäre „alles [...], was nicht Füße und Angst genug hatte, ihm davonzulaufen" (Z. 1–2), denn das ist nicht konkret.

202 $\boxed{X}$ an allen Dingen, die er vorfindet, ein Forschungsinteresse entwickelt.

✎ Hinweis: Du kannst die ersten drei Antworten ausschließen, da im Text steht, dass Humboldt die Farbe des Himmels und die Blitze untersucht hat. Beide sind sehr schnell veränderlich, halten nicht still (1), sind keine Lebewesen (2), keine Pflanzen oder Gesteine (3).

203

		richtig	falsch
a)	Die freigelassenen Sklaven folgen Humboldt wortlos.	☐	$\boxed{X}$
b)	Humboldt erwartet wissbegierig ein neues Erdbeben.	$\boxed{X}$	☐
c)	Humboldt ist sehr erschrocken über den Unfall im Fluss.	☐	$\boxed{X}$
d)	Humboldt sprengt Tunnel in den Fels.	☐	$\boxed{X}$
e)	In der Mission werden Humboldt und seine Gefährten freundlich begrüßt.	$\boxed{X}$	☐

✎ Hinweis: Du findest die richtigen Antworten im Text:
a) Z. 27–37: „[...] ließ ihnen die Ketten abnehmen, [...] Sie seien jetzt frei, [...] sie könnten gehen. [...] Einer setzte sich auf den Boden [...] und rührte sich nicht mehr, [...] waren die drei verschwunden. [...] tauchten nie mehr auf [...]"
b) Z. 9–11
c) Dazu gibt es keine Aussage, aber aus Humboldts prompter Reaktion (er fängt den Verletzten auf – Z. 20) erkennst du, dass er gelassen war.
d) Z. 58/59: „Humboldt schlug Gesteinsproben aus dem Fels", von Sprengungen steht nichts im Text.
e) Z. 44

204 Humboldt empfand den Sklavenhandel als unmenschlich und wollte den drei Menschen ihre Freiheit wiedergeben.

✎ Hinweis: Hier ist Dein Allgemeinwissen gefragt. Überlege, wie sich ein Sklave gefühlt hat. Er hatte keine Rechte und wurde behandelt wie Vieh. Die Beschreibung des Menschenhandels in Zeile 22–25 verdeutlicht die Situation sehr genau. Humboldt wollte die Situation für die drei Männer verbessern und sicherlich auch für die Einheimischen verdeutlichen, dass er als fortschrittlicher Europäer den Menschenhandel nicht gutheißt.

205

	richtig	falsch
a) wollen Geld von Humboldt haben.	☐	☒
b) sind dankbar und erleichtert.	☐	☒
c) wissen nicht, wohin sie gehen sollen.	☒	☐
d) wollen bei Humboldt bleiben.	☐	☒
e) sind überrascht und misstrauisch.	☒	☐

Hinweis: Du findest die richtigen Antworten im Text:
a) Z. 30/31
b) Es gibt keinen Hinweis auf Dankbarkeit und Erleichterung.
c) Z. 29
d) Es gibt keinen Hinweis, dass sie bei Humboldt bleiben wollen.
e) Z. 29–35

206

	richtig	falsch
a) Plänen mit Unverständnis begegnet.	☒	☐
b) Plänen misstraut.	☒	☐
c) Pläne für undurchführbar hält.	☐	☒
d) Pläne sabotieren will.	☐	☒

Hinweis: Überlege dir, wie sich die wenigen Reisenden bisher im neu entdeckten Amerika verhalten haben und was sie in Amerika wollten: das Land einnehmen und kulturelle oder materielle Schätze an sich nehmen. Deshalb sind die Mönche ganz überrascht, dass Humboldt aus idealistischen Gründen diese weite und gefährliche Reise macht.

207 Hier schreien Vögel.

Hinweis: Du findest die richtige Antwort in Z. 55.

208 Der Führer will nicht weitergehen, da hier das Totenreich beginnt und er davor Angst hat.

Hinweis: Der Führer nennt drei Antworten, davon ist die erste (Beginn des Totenreiches) die entscheidende.

209

		richtig	falsch
a)	Wo viel Licht ist, ist auch viel Schatten.	☐	☒
b)	Jemanden hinters Licht führen.	☐	☒
c)	Licht ins Dunkel bringen.	☒	☐
d)	Jemandem grünes Licht geben.	☐	☒
e)	Jemandem geht ein Licht auf.	☒	☐

Hinweis:
a) Diese Redewendung bezieht sich auf die enge Verbindung zwischen Gut und Böse; b) Diese Redewendung bezieht sich auf das Lügen; c) Diese Redewendung verdeutlicht, dass etwas, was dunkel und unbekannt ist, durch den Einsatz von Licht klar und deutlich wird. Dadurch kann man etwas erkennen und darüber Wissen erlangen; d) Diese Redewendung bezieht sich auf den Beginn einer Aktion. Bei der grünen Ampelphase darf man gehen bzw. fahren; e) Diese Redewendung verdeutlicht, dass jemand eben noch unwissend war („im Dunkeln tappen") und nun einen Sachverhalt klar sieht, als ob man ein Licht angemacht hätte.

210 ☒ Mönche
Hinweis: Du findest die richtige Antwort in Z. 44 und in der Fußnote.

211 Sie konnten 150 Fuß weit gehen.
Hinweis: Du findest die richtige Antwort in Z. 52.

212 gleichgültig, überfordert

213

		richtig	falsch
a)	sachlich berichtend	☐	☒
b)	ironisch distanziert	☒	☐
c)	stark beschönigend	☐	☒
d)	emotional betroffen	☐	☒

Hinweis: Der Erzähler ist nicht sachlich (a), beschönigt nichts (c), ist aber auch nicht emotional betroffen (d). Allerdings lässt sich „ironisch distanziert" bestätigen, denn er „freut sich" aus Sicht des Forschers auf das Erdbeben und bezeichnet den Sklavenhandel als „Wirtschaftszweig", obwohl er ihn als menschenverachtend ablehnt.

Sprachwissen und Sprachbewusstsein – Aufgaben zu Text 2

251

a) Bonpland <u>gab</u> drei Schüsse <u>ab</u>,	Hauptsatz
b) deren Hall vom Schreien übertönt <u>wurde</u>,	Nebensatz
c) und schon <u>sammelte</u> er zwei noch zuckende Körper <u>ein</u>.	Hauptsatz

Hinweis:
a) finites Verb (gab ... ab = abgeben) an zweiter Stelle
b) finites Verb (wurde) an letzter Stelle
c) ein zweiter Hauptsatz, finites Verb (sammelte ... ein) an zweiter Stelle
(Konjunktion „und" wird nicht gezählt)

252

a) Futur I	er wird zurückkehren
b) Plusquamperfekt	er war zurückgekehrt
c) Präsens	er kehrt zurück

253 Konjunktiv

Hinweis: Du erkennst den Konjunktiv an dem eingefügten „-e" im Präsensstamm.

254 [X] starren

Hinweis: Lies dir den Abschnitt noch einmal durch, um den Zusammenhang besser erkennen zu können. Lies ihn dann noch einmal mit dem anderen Wort. Der Sinn darf sich nicht ändern.

255

a) Humboldt	Substantiv/Nomen
b) presste	Verb
c) die	bestimmter Artikel
d) Hände	Substantiv/Nomen
e) auf	Präposition
f) seine	(Possessiv-) Pronomen
g) Ohren.	Substantiv/Nomen

✦ Hinweis:

a) „Humboldt" ist ein Eigenname und gehört daher zu den Substantiven/ Nomen; b) konjugierbar: 3. Person Singular, Präteritum; c) begleitet das Substantiv/Nomen; d) die Hand (Singular + Artikel), die Hände (Plural), die Händchen (Verkleinerung); e) Verhältniswort, wird nicht flektiert, verlangt den Akkusativ; f) besitzanzeigendes Fürwort, wird dekliniert; g) das Ohr (Singular + Artikel), die Ohren (Plural), die Öhrchen (Verkleinerung)

256 Teile des Textes geben fremde Rede wieder.

oder auch: Der Erzähler gibt Teile des Textes distanziert wieder.

✦ Hinweis: Lies dir den letzten Textabschnitt ab Z. 64 noch einmal durch und achte auf die Wirkung. Der Erzähler gibt den Dialog zwischen dem Führer und den Forschern wieder (fremde Rede – indirekt), aber so, als ob er nicht daneben steht (distanziert).

3 Wie die Deutschen reisen

Lesekompetenz – Aufgaben zu den Grafiken „Wie die Deutschen reisen"

301 zur Ruhe kommen, Sonne/Wärme, Besichtigungen

✦ Hinweis: Die Informationen findest du in der ersten Grafik „Gründe in den Urlaub zu fahren [...]". Die Reisemotive sind nach Beliebtheit angeordnet.

302 Bayern

✦ Hinweis: Die Information findest du in der vierten Grafik „Urlaubsziele 2008: Inland [...]". Die Bundesländer sind nach Beliebtheit angeordnet.

303 Ein Urlaubstag in Deutschland kostet 67 Euro.

✦ Hinweis: Die Information findest du in der fünften Grafik „So viel kostet ein Tag in ...". Deutschland findest du in der linken Spalte an drittletzter Stelle.

304 Die Kosten für einen Urlaubstag sind in Deutschland unterdurchschnittlich.

✦ Hinweis: In der fünften Grafik findest du in der rechten unteren Ecke die Angabe zu den durchschnittlichen Ausgaben für einen Urlaubstag: 78,50 €. Diesen Wert vergleichst du mit dem Wert für Deutschland. Da er niedriger ist, sind die Ausgaben in Deutschland unter dem Durchschnitt.

305 [X] mehrere kürzere Urlaube

Hinweis: Die Information findest du in der dritten Grafik. Von den drei dargestellten Kurven zeigt bis 2005 nur die mittlere einen stetigen Anstieg. Anhand der Erklärung unterhalb der Grafik kannst du ablesen, dass es sich bei der mittleren Kurve um „mehrere kürzere Urlaube" handelt.

306 a) Kosten für die Unterkunft
     b) Fahrtkosten

Hinweis: Überlege, wofür man im Urlaub zusätzliches Geld ausgibt.

307
> c) Aussagen zu den Bereichen:
>
>
> – Dauer des Urlaubs
> – anfallende Kosten
> – Gründe für die Urlaubsreise

Hinweis: Die richtige Antwort ermittelst du durch Ausschlussverfahren. Es werden keine Angaben zu den Transportmitteln gemacht. Das schließt a und b aus. Es werden auch keine Angaben zu den beliebtesten Reiseländern (nicht Bundesländern) gemacht. Das schließt die Antworten b und d aus.

308
> Balkendiagramm   Tabelle   Kreisdiagramm
>
> geografische Karte   Kurvendiagramm

Hinweis: Sieh dir die einzelnen Grafiken an und unterstreiche die zutreffenden Begriffe: Grafik 1, 4 und 5 sind Balkendiagramme, Grafik 2 ist ein Kreisdiagramm, Grafik 3 ist ein Kurvendiagramm.

309 Während Österreich ein Nachbarland ist, sind Australien oder die USA sehr weit von Deutschland entfernt. Deshalb sind die Reisekosten viel höher.

310 Ich könnte nach Frankreich oder in die Benelux-Länder reisen.

Hinweis: Du findest die Informationen in der fünften Grafik. Du brauchst nur ein Land zu nennen. Achtung, es soll eine Auslandsreise sein, daher wäre die Antwort „Deutschland" falsch.

311 Im Zeitraum von 2000 bis 2005 stieg der Anteil mehrerer kürzerer Urlaube an, während der Anteil langer Urlaube fiel.

Hinweis: Du findest die Information in der dritten Grafik.

481

Filmkritick

R:

Filmkritik

---

482 | Johnny Depp als Captain Sparrow ist ein Schauspieler ~~beim~~ „Fluch der Karibik".

Gr (Präposition):

in „Fluch der Karibik".

---

483 | ~~Der Typ~~, den ihr seht, ist ein berühmter Star in Hollywood.

A:

Der Schauspieler ...

---

484 | Jeder, der ihn kennt, weiß, ~~das~~ er geschminkte braune Augen hat.

Gr (Konjunktion):

dass

---

485 | Der ~~blausielbrige~~ Eyeliner mit dunkelbraunem Lidschatten erzeugt einen schönen Kellerlocheffekt um die Augen.

blausilbrige

---

486 | Auf ~~sein~~ Kopf hat er geflochtene schwarzbraune Rastahaare mit Schmuckkettchen.

Gr (Kasus):

Auf seinem Kopf ...

---

487 | ~~Ausserdem~~ trägt er ein rotes Piratenkopftuch.

R:

Außerdem

---

488 | Die Augenbrauen sind dunkel, man kann sie unter dem Kopftuch gerade noch ~~hervorsehen~~.

Gr (Lexik):

erkennen

---

489 | Um seine Hüfte hat er eine Bauchbinde ~~gestriffen~~.

Gr (Lexik):

gestreift

490	An den Fingern trägt er ~~fette~~ Ringe und darüber Armbänder am Handgelenk.	A: _protzige Ringe_
491	Sein ovales Gesicht ist ~~ziehmlich~~ stark gebräunt und seine Nase ist schmal, der Mund ausdrucksvoll.	R: _ziemlich_
492	In seiner Rolle als Pirat wirkt Johnny Depp sicher als Traumtyp, gar nicht <u>brutal</u>, <u>aber</u> trotzdem wild und abenteuerlustig.	Z: Verbessern Sie im Text!

5 Schreibkompetenz – Planung eines Textes: Erstellen eines Schreibplans

Hinweis: Kennzeichne als Vorarbeit die Argumente nach Pro- und Kontra-Argumenten (farbig oder durch + / –). Kennzeichne auch die Belege nach Pro und Kontra und ordne anschließend Argument und passenden Beleg einander zu: Pro: 1 a, 2 c, 7 e, 8 h und Kontra: 3 g, 4 b, 5 f, 6 d.

		1. Einleitung
	1. Einleitung	
581	Bezug zum Thema	Internet als Plattform zur Selbstdarstellung
582	Persönliche Erfahrungen oder aktueller Anlass	Peinliche Erfahrungen von Freunden
		2. Hauptteil
	2.1 These	Das Einstellen persönlicher Inhalte eröffnet Chancen und ist unbedenklich.
583	2.1.1 Argument	• Das Internet ermöglicht die weltweite Verbreitung eigener Talentvideos.
584	Beleg	• Plattenfirmen suchen neue Talente im Internet.
585	2.1.2 Argument	• Man kann sehr viele Kontakte knüpfen und sich vernetzen.

586		Beleg	• Berufliche und private Beziehungen können gepflegt und erweitert werden.
	2.2	Gegenthese	Das Einstellen persönlicher Inhalte ist riskant.
587	2.2.1	Argument	• Das Internet kann ein „Karrierekiller" sein.
588		Beleg	• Arbeitgeber informieren sich bei Schüler-VZ und finden unseriöse Fotos.
589	2.2.2	Argument	• Persönliche Daten können von Fremden missbraucht werden.
590		Beleg	• Unter deinem Namen werden bei eBay Geschäfte getätigt.
		3. Schluss	
	3.	Schluss	
591		Fazit	Risiken unbestritten, aber beherrschbar
592		eigene Positionierung/ Ausblick	persönliche Daten und Fotos ausreichend schützen

6 Schreibkompetenz – Umsetzung eines Schreibplanes: Verfassen einer Erörterung

Hinweis: Schreibe nun eine Erörterung mithilfe des Schreibplans von Aufgabe 5. Achte darauf, die Argumente geschickt miteinander zu verknüpfen. Manche der vorgeschlagenen Argumente und Belege kannst du konkretisieren, damit deine Argumentation schlüssiger wird. Achte aber darauf, die Gliederung beizubehalten.

Die Selbstdarstellung im Internet gewinnt für Jugendliche immer größere Bedeutung

Immer mehr Jugendliche nutzen das Internet zur Selbstdarstellung, indem sie Fotos oder Videos von sich selbst, ihren Hobbys oder Freunden auf Seiten von Internetportalen zeigen. Die bereits bereisten Urlaubsländer werden ebenso präsentiert wie die dazu passenden Bikini-Bilder, und natürlich dürfen auch Erinnerungsfotos an die letzte Party mit Freunden nicht fehlen. Gerade in dieser Kategorie jedoch bin ich bei Freunden oder Bekannten schon auf manches peinliche Bild gestoßen, das ich im Normalfall nicht herzeigen würde, ganz davon zu schweigen, es öffentlich zu machen. Scheinbar ist jedoch nicht jedem bewusst, dass die Selbstdarstellung im Internet nicht nur positive Seiten hat.

Natürlich ist es richtig, dass das Einstellen persönlicher Inhalte große Vorteile und sogar Chancen bietet.

So ermöglicht das Internet die weltweite Verbreitung eigener Talentvideos. Dadurch können Plattenfirmen begabte Unbekannte im Internet finden und deren Karriere fördern. Nicht wenige Hobbymusiker haben es durch die Veröffentlichung im Netz bereits zu einer gewissen Berühmtheit und Erfolg gebracht, ein Beispiel ist die Band „Uwu Lena", die mit ihrem Song schließlich sogar in den Charts gelandet ist.

Für die meisten Nutzer steht jedoch im Vordergrund, dass man durch die öffentliche Darstellung der eigenen Person im Internet sehr viele Kontakte knüpfen und sich mit Gleichgesinnten vernetzen kann. Entfernungen spielen keine Rolle mehr, wenn man über Facebook mit der Urlaubsbekanntschaft aus den USA chatten kann. Und wie praktisch ist es, wenn man beispielsweise Fremde kontaktieren kann, die in der Firma arbeiten, bei der man sich bewerben möchte. Durch diese Netzwerke können vor allem private, aber auch berufliche Beziehungen gepflegt und der Bekanntenkreis kann erweitert werden.

Auf der anderen Seite gibt es jedoch immer wieder Warnungen, dass das Einstellen persönlicher Inhalte, wie es zum Zweck der Selbstdarstellung tausendfach geschieht, riskant und sogar gefährlich ist.

Denn die Internetpräsenz kann ebenso ein „Karrierekiller" sein. Auch Personalchefs und Arbeitgeber informieren sich zunehmend über Bewerber im Internet. Finden sich dort unseriöse Fotos oder ist der Bewerber Mitglied einer Gruppe wie „Faul und betrunken, aber lustig", sinkt die Chance auf einen Arbeitsvertrag enorm.

Im schlimmsten Fall kann es passieren, dass bei zu wenig Vorsicht leicht zugängliche persönliche Daten von Fremden missbraucht werden. Dann werden unter falschem Namen bei eBay oder anderen Anbietern Geschäfte getätigt, für die man später zahlen muss.

Betrachtet man diese Punkte kritisch, so kann zusammenfassend gesagt werden, dass die Selbstdarstellung im Internet mit verschiedenen Risiken verbunden ist, die man jedoch mit einer gewissen Vorsicht beherrschen kann. Ich finde es wichtig, meine Passwörter und persönlichen Daten zu schützen bzw. peinliche Details gar nicht erst zu veröffentlichen. Auf diese Weise kann man in der Regel die positiven Seiten von Online-Netzwerken ohne Reue nutzen.

1 Herr Baedeker irrt nie

Er wurde als Landstreicher verhaftet und ein Erbsenzähler genannt.
Doch als Karl Baedeker 1859 starb, stand sein Name für ein neues
Genre[1]: den Reiseführer.
Andreas Austilat

1 Geschlafen hat er in einer Scheune. Vielleicht sieht er deshalb ein wenig deran-
giert[2] aus. Er ist jung, gerade 19 Jahre alt, und er stellt verdächtig viele Fragen:
Wie viele Menschen leben hier und wie viele Pferde. Er interessiert sich für den
Besitz der Einwohner, will wissen, wie oft der Postwagen fährt. Niemand im
5 schlesischen Pilchow kennt den Burschen; die Polizei wird alarmiert, durchsucht
ihn, findet zwei Notizbücher und nimmt ihn mit zum Verhör.

Der junge Mann weist sich als Karl Baedeker aus, Buchdruckerlehrling aus
Berlin. Was hat er zu seiner Entlastung vorzubringen? Darüber steht nichts in
den Pilchower Polizeiakten vom 5. Juni 1820. Aber es spricht einiges dafür, dass
10 sich Baedeker ungefähr so verteidigt: Ich will einmal ein Handbuch für Reisende
verfassen. Darin wird stehen, wie lange ein Schiff von Köln bis Koblenz braucht,
wann und wo es unterwegs anhält. Ich werde aufschreiben, wo in Frankfurt man
für wie viel Geld eine Mahlzeit bekommt, die diesen Namen verdient, und welche Bilder im Pariser Louvre man sich angucken muss. Die Gendarmen[3] dürften
15 herzlich gelacht haben. Wer soll sich 1820 für solch ein Buch interessieren? […]

Karl Baedeker wird verhaftet. Landstreicherei lautet der Vorwurf, dem sich
seinerzeit jeder aussetzt, der ohne plausible Erklärung auf Deutschlands Straßen
unterwegs ist. Aber er kommt schnell wieder frei, sein Vater, ein angesehener
Buchdrucker und Verleger aus Essen, kann für ihn bürgen. Und Karl wird seine
20 Idee verwirklichen. Als er fast 40 Jahre später, am 4. Oktober 1859, stirbt, liegt
eine bemerkenswerte Karriere hinter ihm. Sechs Reiseführer hat er verfasst, einige
erscheinen sogar auf Englisch und Französisch […]. Baedekers Name ist Synonym
für das ganze, junge Genre. […]

Wer seinerzeit zum Vergnügen reist, ist in der Regel noch jung, von Adel und
25 zur Vervollkommnung seiner Erziehung unterwegs. „Grand Tour" nennen das die
Engländer, und englische Gentlemen sind die Ersten, die sich auf den Weg machen. […] 1835 fährt in Deutschland die erste Eisenbahn sechs Kilometer von
Nürnberg nach Fürth. Drei Jahre später besteigt Baedeker das erste Mal eine Bahn
und schreibt danach dem Vater: „Welche Lust gewährt das Reisen." Mitte der
30 vierziger Jahre sind in Deutschland schon 1 000 Kilometer Schienen verlegt. […]

Baedeker sagt seinen Lesern, wer wie viel Trinkgeld bekommt und wann man die Rechnung lieber überprüfen sollte. Er rät dazu, auf Rheinschiffen gut auf den Fahrschein aufzupassen – weil man sonst beim Aussteigen noch einmal bezahlt. Und einen Trick hat er auch noch parat: Wenn der Zimmerservice eine neue Ker-
35 ze für die Nacht bringt, sollte man ausdrücklich nach einer halb abgebrannten fragen. Die neue taucht sonst mit fünf Silbergroschen auf der Rechnung auf. Immerhin ein Drittel des Zimmerpreises.

Natürlich bleibt das Reisen im 19. Jahrhundert etwas für die bessergestellten Stände. Zwölf Tage etwa veranschlagt Baedeker für eine Reise durch Holland,
40 um „einen flüchtigen Überblick" zu erlangen. Die Kosten für den Trip setzt er mit rund 36 Talern an, für einen Handwerker sind das sechs Wochenlöhne. Tourismus ist noch kein Massenmarkt. Groß genug, einen Verleger zu ernähren, ist er schon. […]

1844 erscheint sein Hauptwerk „Deutschland und der österreichische Kaiser-
45 staat". Baedeker festigt seinen Ruf, sich nicht nur in fremde Seelen einzufühlen („Tee trinkt der Österreicher nur, wenn er krank ist"), sondern es überdies ganz genau zu nehmen. Auf der Treppe des Mailänder Doms steckt er sich alle 20 Stufen eine Erbse in die Tasche, um bloß nicht durcheinander zu kommen. Es gibt schon damals Leute, die ihn dafür einen Erbsenzähler nennen. Kein Weg ist ihm
50 zu lang, für „Paris", seinen letzten selbst verfassten Band, verbringt er 13 1/2 Stunden auf dem Friedhof Père Lachaise, auf dem damals noch kein Jim Morrison und kein Gilbert Bécaud, dafür aber ein Molière[4] liegt. Baedeker lässt kein Grab aus, der Friedhof ist ihm zwei Sterne wert.

Solche Anekdoten machen ihn zur Legende. In der englischen Übersetzung
55 des Librettos[5] zu Jacques Offenbachs Operette „La Vie Parisienne"[6] heißt es gar: „Kings and governments may err but never Mr. Baedeker."[7] Und als er 1859 stirbt, lassen seine Söhne die Leser wohl ganz bewusst darüber im Unklaren, wer die Bände eigentlich verfasst, die nun erscheinen. Es sind durchaus namhafte Archäologen, Kunsthistoriker und Geografen. Auf dem Einband allerdings steht
60 nach wie vor der Name Karl Baedeker. […]

Eine Erwähnung im Baedeker konnte Segen bedeuten, etwa für die Gastronomen, deren Haus gelobt wurde, oder Fluch. So beschwerte sich die Handelskammer von Neapel 1866 beim preußischen Gesandten über einen Angriff auf die Ehre Italiens: Karl Baedeker verbreite in ganz Europa, „dass in Neapel das
65 Plündern von Reisekoffern häufig vorkomme".

Der war da eigentlich schon sieben Jahre tot. Aber das mochte sowieso keiner glauben. Noch bis in die 90er Jahre des 20. Jahrhunderts erreichten Briefe den Verlag, die an den Gründer selbst adressiert waren. Dabei arbeitete zu jener Zeit schon kein Nachfahre mehr im Haus. Eva Baedeker verkaufte nach dem Tod
70 ihres Sohnes Florian, Ururenkel von Karl, ihre Anteile Anfang der 80er Jahre an Langenscheidt, heute gehört das Unternehmen zur MairDumont-Gruppe. Geblie-

ben ist der Name des großen Reisenden, über den die Londoner „Times" einmal schrieb: „Karl Baedeker hat die moderne Welt ebenso entscheidend verändert wie Hegel und Marx."

Auszug aus „Der Tagesspiegel" vom 27. 09. 2009

1 hier: neue Form von Literatur/Gattung
2 ungepflegt/unordentlich
3 Polizeibeamten
4 Jim Morrison, Gilbert Bécaud und Molière: Namen bedeutender Künstler
5 Textbuch zu Opern und Operetten
6 sinngemäß: das Leben in Paris
7 mögliche Übersetzung: Könige und Regierungen können irren, aber niemals Herr Baedeker.

Lesekompetenz – Aufgaben zu Text 1
„Herr Baedeker irrt nie"
Punkte

101 Der junge Baedeker wird auf einer seiner ersten Reisen bei der Polizei angezeigt. Notieren Sie, …   2

a) … was ihn verdächtig macht.	
b) … wer ihn anzeigt.	

102 Ergänzen Sie das Formular. Notieren Sie Angaben zum Vorfall und zur Person mit jeweils einer im Text genannten Information.   3

Vernehmungsprotokoll	
a) Ort der Vernehmung	
b) Tag der Vernehmung	
c) Name, Vorname	
d) Alter	
e) Beruf/derzeitige Tätigkeit	
f) Wohnort	
g) Vorwurf der Polizei	
h) Aussage zur Verteidigung	
i) Maßnahme der Polizei	

103 Welche Berufe übt Baedekers Vater aus? Notieren Sie einen.   1

104 Baedeker muss nicht lange im Gefängnis bleiben. Notieren Sie den Grund, warum er so schnell entlassen wird.   1

_____

105 Für sein Handbuch für Reisende sammelt Baedeker Informationen und Angaben über ...   3

	richtig	falsch
a) ... Menschen, die man auf Reisen kennenlernen sollte.	☐	☐
b) ... Trinkgelder, die man während der Reise geben sollte.	☐	☐
c) ... Sehenswürdigkeiten, die man besuchen sollte.	☐	☐
d) ... Sternbilder, die man für den Notfall kennen sollte.	☐	☐
e) ... Reisezeiten, die man einplanen sollte.	☐	☐

106 Zur Zeit Baedekers reiste man selten nur zum Vergnügen. Notieren Sie aus dem Text (vgl. Z. 24–30), ...   2

a) ... wer damals üblicherweise reiste.	
b) ... zu welchem Zweck Reisen unternommen wurden.	

107 Inwieweit erleichterte die Erweiterung des Schienennetzes das Reisen? Notieren Sie einen Grund aus Ihrem Alltagswissen.   1

_____

108 Im Text heißt es: „Baedeker lässt kein Grab aus, der Friedhof ist ihm zwei Sterne wert." (Z. 52–53). Erläutern Sie mit eigenen Worten, wozu ihm die Sterne dienten.   1

_____

_____

2011-4

109 Für eine Reise durch Holland veranschlagt Baedeker zwölf Tage (vgl. Z. 39). Wie lange musste ein Handwerker zu jener Zeit arbeiten, um diese Reise bezahlen zu können?

1

110 Als „Erbsenzähler" wird heutzutage umgangssprachlich und ironisch abwertend eine Person bezeichnet, die äußerst kleinlich ist. Dieser Begriff geht zurück auf eine Verhaltensweise Karl Baedekers. Notieren Sie ...

2

| a) ..., wozu Baedeker die „Erbsenzählerei" seinerzeit diente. | |
| b) ... eine positive Charaktereigenschaft, die sich aus dieser Verhaltensweise ableiten lässt. | |

111 Im Text heißt es: „Eine Erwähnung im Baedeker konnte Segen bedeuten [...] oder Fluch." (Z. 61–62). Notieren Sie einen möglichen Nachteil, den eine Erwähnung in einem Reiseführer auch heute nach sich ziehen könnte.

1

112 Im Text wird gesagt, Karl Baedeker habe die Welt entscheidend verändert (vgl. Z. 73). Erläutern Sie diese Aussage.

2

113 Erläutern Sie die Bedeutung des Titels „Herr Baedeker irrt nie".

2

114 Notieren Sie einen möglichen Grund, warum die Reiseführer auch nach Baedekers Tod bis heute unter dessen Namen veröffentlicht werden.   1

_____

_____

Lesekompetenz gesamt   23

Sprachwissen und Sprachbewusstsein – Aufgaben zu Text 1   Punkte

151 In welchem Tempus ist der Text <u>überwiegend</u> verfasst?   1

☐ Präteritum

☐ Futur

☐ Perfekt

☐ Präsens

152 In den Zeilen 4–5 heißt es: „Niemand im schlesischen Pilchow kennt den Burschen …". Notieren Sie ein standardsprachliches Synonym für „Bursche".   1

_____

153 Ordnen Sie jedem Satz die richtige Nummer zu.

1) Hauptsatz
2) Satzreihe/Satzverbindung
3) Satzgefüge mit Konjunktionalsatz
4) Satzgefüge mit Relativsatz

	Nummer
a) „Sechs Reiseführer hat er verfasst, einige erscheinen sogar auf Englisch und Französisch." (Z. 21–22)	
b) „Noch bis in die 90er Jahre des 20. Jahrhunderts erreichten Briefe den Verlag, die an den Gründer selbst adressiert waren." (Z. 67–68)	
c) „1844 erscheint sein Hauptwerk ‚Deutschland und der österreichische Kaiserstaat'." (Z. 44–45)	

Punkte für a), b), c) jeweils 1

154 In Zeile 38 wird das Wort „bessergestellten" verwendet. Notieren
Sie, ...   2

a) ... was dieses Wort im Text- zusammenhang bedeutet.	
b) ... weshalb dieses Wort hier nicht auseinander geschrie- ben werden darf.	

155 Im Text steht der Satz: „Die Gendarmen dürften herzlich gelacht haben." (Z. 14–15). Notieren Sie, warum hier der Konjunktiv verwendet wurde.   1

_____

_____

156 Unterstreichen Sie das vollständige Prädikat im folgenden Satz.

„Und Karl wird seine Idee verwirklichen." (Z. 19–20)   1

157 Im Text heißt es: „Die neue [Kerze] taucht sonst mit fünf Silbergroschen auf der Rechnung auf. Immerhin ein Drittel des Zimmerpreises." (Z. 36–37). Der zweite Satz ist unvollständig. Notieren Sie,
welche Satzglieder hier fehlen.   2

_____

_____

158 Der erste Satz des Textes beginnt mit einer Inversion (Veränderung
des üblichen Satzbaus). Notieren Sie einen möglichen Grund für die
Verwendung dieses Stilmittels.   1

_____

_____

159 Im Text heißt es: „Aber das mochte sowieso keiner glauben."
(Z. 66–67). Worauf bezieht sich das Wort „das"?   1

_____

_____

160 Im Text heißt es: „[…], dass sich Baedeker ungefähr so verteidigt: Ich will einmal […].“ (Z. 9–10). Damit wird eine direkte Rede angedeutet, die aber vom Autor erfunden ist. Notieren Sie …   2

a) …, wo diese erfundene direkte Rede im Text endet, indem Sie die letzten drei Wörter aufschreiben.	
b) … einen möglichen Grund für die Verwendung dieses stilistischen Mittels.	

161 Notieren Sie den Fachbegriff für die Steigerungsform des Adjektivs „später“.   1

162 Im Text heißt es: „Wenn der Zimmerservice eine neue Kerze für die Nacht bringt, sollte man ausdrücklich nach einer halb abgebrannten fragen.“ (Z. 34–36). Notieren Sie, warum „abgebrannten“ kleingeschrieben werden muss.   1

Sprachwissen und Sprachbewusstsein gesamt   17

2   Der Afrikaner
J. M. G. Le Clézio

Eine Afrikareise in der Kindheit wurde für Le Clézio zu einem einschneidenden Erlebnis. Hier lernte er eine berauschende Freiheit kennen, eine ganz neue Welt, die ihn mit ihren fremden Lebensformen, den exotischen Gerüchen und Farben in ihren Bann schlug und nie wieder loslassen sollte. Von dieser Reise erzählt er 5 *in diesem Text und zeichnet dabei gleichzeitig ein Portrait seiner Familie.*

[...] Mein Vater erzählte mir eines Tages, wie er den Entschluss gefasst hat, ans Ende der Welt zu gehen, nachdem er sein Medizinstudium im Londoner Saint Joseph's Hospital in Elephant & Castle beendet hatte. Da er vom Staat ein Stipendium erhalten hatte, musste er eine gemeinnützige Arbeit[1] übernehmen. Und 10 so bekam er eine Anstellung in der Abteilung für tropische Erkrankungen im Southamptoner Krankenhaus. Er fuhr mit dem Zug nach Southampton und nahm sich ein Zimmer in einer Pension. Da er seinen Dienst erst drei Tage später anzutreten brauchte, schlenderte er durch die Stadt und sah sich die Schiffe an, die im Hafen zum Auslaufen bereit lagen. Als er in die Pension zurückkehrte, fand 15 er einen schroffen[2] Brief vom Chefarzt des Krankenhauses vor: „Sir, ich habe Ihre Visitenkarte noch nicht erhalten." Mein Vater ließ sich also Visitenkarten drucken (ich habe noch eine davon), auf denen nur sein Name stand, ohne Titel und ohne Adresse. Gleichzeitig beantragte er seine Versetzung ans *Colonial Office*[3]. Ein paar Tage später ging er an Bord eines Schiffes, das Kurs nach George- 20 town in Britisch-Guayana nahm. Bis auf zwei kurze Urlaube für seine Eheschließung und dann für die Geburt seiner Kinder kehrte er bis Ende seiner Dienstzeit nie wieder nach Europa zurück.

Ich habe versucht mir vorzustellen, wie sein Leben (und folglich auch meins) hätte aussehen können, wenn er [...] sich in einem Londoner Vorort selb- 25 ständig gemacht hätte (so wie mein Großvater es in einem Pariser Vorort getan hatte), in Richmond zum Beispiel oder sogar in Schottland (einem Land, das er immer gern gemocht hatte). Es geht mir dabei nicht um die Folgen, die das für das Leben seiner Kinder gehabt hätte (denn ob man hier oder dort geboren wird, ist im Grunde ziemlich unwichtig). Sondern darum, wie es sich auf ihn als 30 Mensch ausgewirkt hätte, ein geregeltes, nicht ganz so einsames Leben zu führen. Menschen zu heilen, die Schnupfen oder Verstopfung haben, anstatt Kranke zu versorgen, die an Lepra, Malaria oder an der Schlafkrankheit leiden. Sich nicht unter außergewöhnlichen Bedingungen durch Gesten, mit Hilfe eines Dolmetschers oder in der rudimentären[4] Sprache verständlich zu machen, die man 35 Pidgin English[5] nennt. [...]

Er hat einen anderen Weg eingeschlagen. Vermutlich aus Stolz, um der tristen[6] englischen Gesellschaft zu entfliehen, und nicht zuletzt aus Abenteuerlust.

Aber dieser andere Weg hatte seinen Preis. Er führte ihn in eine andere Welt, in ein anderes Leben. Zwang ihn, die Kriegszeit im Exil zu verbringen, auf seine
40 Frau und seine Kinder zu verzichten, und ließ ihn auf gewisse Weise unweigerlich zu einem Fremden werden.

Als ich meinen Vater zum ersten Mal in Ogoja sah, trug er, meine ich mich zu erinnern, einen Zwicker[7]. [...] Ich glaube, dass der Schock, den ich in den ersten Stunden nach meiner Ankunft in Nigeria erlebt habe – die lange Fahrt im
45 strömenden Regen über die unbefestigte Straße von Port Harcourt nach Ogoja in dem riesigen, futuristischen Ford V8, der keinerlei Ähnlichkeit mit irgendeinem anderen bekannten Fahrzeug hatte –, dass dieser Schock nicht nur durch Afrika, sondern durch die Begegnung mit diesem unbekannten, seltsamen, möglicherweise nicht ungefährlichen Vater ausgelöst worden ist. [...]

50 Seine autoritäre Haltung wurde sofort zu einem Problem. Mein Bruder und ich hatten gleichsam in einem anarchistischen[8] Paradies gelebt, in dem so gut wie keine Disziplin herrschte. Die einzige Autorität, mit der wir bisher konfrontiert worden waren, ging von meiner Großmutter aus, einer großherzigen, feinsinnigen alten Dame, die jede Form von körperlicher Züchtigung grundsätzlich
55 ablehnte und stattdessen Vernunft und Sanftheit walten ließ. Mein Großvater mütterlicherseits war auf Mauritius nach strengeren Prinzipien erzogen worden, aber sein hohes Alter, seine Liebe zu meiner Großmutter und die gewissermaßen verstimmte Distanz, mit der sich starke Raucher oft abschirmen, bewirkten, dass er sich die meiste Zeit in einem winzigen Zimmer einschloss, um in Ruhe seinen
60 Knaster[9] zu rauchen.

Meine Mutter war der Inbegriff der Phantasie und des Charmes. Wir liebten sie, und ich nehme an, dass sie über unsere Dummheiten lachte. Ich erinnere mich nicht, je gehört zu haben, dass sie die Stimme erhob. Und daher konnten wir uns in der kleinen Wohnung ungehindert austoben. Wir haben in den Jahren
65 vor unserer Abreise nach Afrika Dinge getan, die mir rückblickend tatsächlich ziemlich erschreckend vorkommen: Eines Tages bin ich auf Anregung meines Bruders mit ihm über das Balkongeländer geklettert (es überragte mich um ein ganzes Stück, ich sehe es noch heute vor mir), um zur Regenrinne zu gelangen, von wo aus man, da es sich um den sechsten Stock handelte, einen schönen Blick
70 auf das ganze Viertel hatte. Ich nehme an, dass meine Großeltern und meine Mutter so erschrocken waren, dass sie, nachdem wir uns bereit gefunden hatten zurückzukommen, uns zu bestrafen vergaßen.

[...] Ich erinnere mich auch, dass ich Wutanfälle bekam, weil man mir etwas verweigerte, ein Bonbon, ein Spielzeug, also kurz gesagt ein so belangloser
75 Anlass, dass ich mich nicht mehr daran erinnere, und diese Wutanfälle konnten so weit gehen, dass ich alles aus dem Fenster warf, was mir in die Hände fiel, bisweilen sogar Möbelstücke. In solchen Augenblicken konnte mich nichts und niemand besänftigen. [...]

Die Reise nach Afrika machte all dem ein Ende. Ein radikaler Wandel: Auf
80 Anweisung meines Vaters musste ich mir vor der Abfahrt die Haare, die ich bis
dahin wie ein kleiner Bretone[10] schulterlang getragen hatte, schneiden lassen, was
zur Folge hatte, dass ich einen furchtbaren Sonnenbrand auf den Ohren bekam
und mich den Normen der Männerwelt endgültig fügen musste. Nie wieder sollte
ich an Migräne leiden, nie wieder den Wutanfällen meiner Kindheit freien Lauf
85 lassen. Die Ankunft in Afrika war für mich der erste Schritt in die Welt der Erwachsenen.

Aus: J. M. G. Le Clézio: Der Afrikaner. Hanser Verlag, 2007, S. 48 – 56, aus dem Französischen von
Uli Wittmann (Die Rechtschreibung wurde den neuen Regeln angepasst.)

1   unentgeltliche Arbeit für die Gemeinschaft und für das Wohl der Gesellschaft
2   kurzen und unfreundlichen
3   Amt, das sich mit Belangen der englischen Kolonien beschäftigte
4   hier: einfachen
5   hier: eine Mischsprache aus sehr einfachem Englisch und afrikanischen Sprachen
6   freudlosen, eintönigen
7   bügellose Brille
8   hier: regellosen
9   Tabak
10 Bewohner der Region Bretagne in Frankreich

Lesekompetenz – Aufgaben zu Text 2 „Der Afrikaner"   Punkte

201 Der Erzähler schreibt insbesondere über seinen Vater. Notieren
    Sie ...

a) ... den Beruf seines Vaters.		1
b) ..., warum dieser nach dem Studium eine gemeinnützige Arbeit übernehmen musste.		1
c) ..., wo er diese zunächst aus- führen sollte.		1

202 Wohin fuhr der Vater des Erzählers zuerst mit dem Schiff?   1

203 Im Text heißt es, dass der eingeschlagene Weg des Vaters des Erzäh-
    lers „seinen Preis" hatte (Z. 38). Notieren Sie ein Beispiel dafür, wo-
    rin der „Preis" bestand.   1

204 Der Erzähler schreibt über seine Familie. Notieren Sie je <u>eine</u> Charaktereigenschaft für die unten genannten Familienmitglieder.   3

Familienmitglied	Charaktereigenschaft
a) Mutter:	
b) Großmutter:	
c) Vater:	

205 Über den Großvater lassen sich verschiedene Aussagen treffen. Welche der folgenden Aussagen sind richtig bzw. falsch?   3

		richtig	falsch
a)	Der Großvater will Auseinandersetzungen mit seiner Familie heraufbeschwören.	☐	☐
b)	Der Großvater ist ein egoistischer und rücksichtsloser Mensch.	☐	☐
c)	Der Großvater liebt seine Frau.	☐	☐
d)	Der Großvater hat andere Erziehungsvorstellungen als seine Frau.	☐	☐
e)	Der Großvater mischt sich in die Erziehung seiner Enkel nicht ein.	☐	☐

206 Im Text heißt es, dass der Erzähler vor seiner Abreise nach Afrika über ein Balkongeländer gestiegen sei (Z. 64–72). Er tat dies, um …   1

a)	… seinem Bruder gegenüber Mut zu beweisen.	☐
b)	… zur Regenrinne zu gelangen.	☐
c)	… als Held dazustehen.	☐
d)	… seine Großeltern und seine Mutter zu erschrecken.	☐

207 Welche Krankheiten behandelte der Vater in Afrika? Notieren Sie eine.   1

208 Die Ankunft in Afrika war für den Erzähler „der erste Schritt in die
Welt der Erwachsenen." (Z. 85–86). Damit ist gemeint, dass …   2

		richtig	falsch
a)	… er sich neuen Anforderungen stellen musste.	☐	☐
b)	… er reifer wurde, da er in Afrika sein kindliches Verhalten ablegen musste.	☐	☐
c)	… er bei seiner Ankunft in Afrika volljährig war.	☐	☐
d)	… für ihn in Afrika ein neuer Lebensabschnitt begann.	☐	☐

209 Notieren Sie zwei Eindrücke, die beim Erzähler bei seiner Ankunft
in Nigeria einen Schock auslösten.

a) ein Eindruck:	
b) ein weiterer Eindruck:	

   1
   1

210 Im Text heißt es: „Seine autoritäre Haltung wurde sofort zu einem
Problem." (Z. 50). Notieren Sie, …

a) … auf welche Person sich „Seine" bezieht.	
b) … für wen diese Haltung zu einem Problem wurde.	
c) … weshalb diese Haltung zu einem Problem wurde.	

   1
   1
   1

211 Der Leser erfährt, dass der Erzähler als Kind auffällige Verhaltensweisen zeigte. Notieren Sie …

a) … ein Beispiel für ein solches Verhalten aus dem Text.	
b) …, warum er sich so verhalten konnte.	

   1
   2

Lesekompetenz gesamt   **23**

251 Im Text (Z. 36–37) gibt es einen unvollständigen Satz. Notieren Sie
diesen.   1

252 Notieren Sie die Rechtschreibregel, die die Schreibung von „Anla<u>ss</u>"
(Z. 75) erklärt.   1

253 In Zeile 54 wird von „körperlicher Züchtigung" gesprochen. Notieren Sie ein passendes Synonym für „körperliche Züchtigung".   1

254 In Zeile 78 wird das Wort „besänftigen" verwendet. Notieren Sie den
Wortstamm.   1

255 Im Text steht. „[…] wie sein Leben (und folglich auch meins) hätte
aussehen können […]" (Z. 23–24). Notieren Sie, welcher Modus hier
gewählt wurde.   1

256 Im Text gibt es zahlreiche Komposita, bestehend aus zwei Substantiven. Notieren Sie ein Beispiel aus den Zeilen 73–78.   1

257 In Zeile 74–75 wird von einem „belanglosen Anlass" gesprochen.
Notieren Sie ein hier passendes Synonym für „belanglos".   1

258 Bestimmen Sie Haupt- und Nebensätze in folgendem Satzgefüge: 1

„Ich nehme an,	
dass meine Großeltern und meine Mutter so erschrocken waren,	
dass sie uns zu bestrafen verga-ßen,	
nachdem wir uns bereit gefunden hatten zurückzukommen."	

259 Im Text wird davon gesprochen, dass der Vater zuerst „ans Ende der Welt" (Z. 6–7) reiste.

a) Um welches Stilmittel handelt es sich hier?		1
b) Erläutern Sie, was mit dieser Formulierung gemeint ist.		1

260 In den Zeilen 83–84 findet sich eine Anapher, um einen Sachverhalt besonders hervorzuheben. Erläutern Sie, was hier besonders betont werden soll. 1

_____

_____

261 Im Deutschen gibt es drei Genera (Maskulinum, Femininum, Neutrum). Notieren Sie aus den Zeilen 79–80 jeweils ein entsprechendes Substantiv mit dem dazugehörigen bestimmten Artikel im Singular und – falls möglich – im Plural. 2

	Singular	Plural
a) Maskulinum:		
b) Femininum:		
c) Neutrum:		

Sprachwissen und Sprachbewusstsein gesamt **13**

3 Meine elf Tonnen

Woher kommen die Zahlen für die Klimabilanz?
Die Daten für den CO2-Fußabdruck[1] des deutschen Durchschnittsbürgers hat das Heidelberger Institut für Energie und Umweltforschung (ifeu) 2007 im Auftrag des Umweltbundesamts zusammengetragen. Die Werte in den äußeren Kreisen der Grafiken, die auf der nächsten Seite stehen, sind gerundete Werte aus verschiedenen anderen Quellen und eigenen Berechnungen. Einige Anmerkungen zu den einzelnen Posten:

- **Öffentliche Dienstleistungen:** Die Emissionen, die der Staat verursacht, werden gleichmäßig auf alle Einwohner verteilt, es ist eine Art Emissions-„Grundstock".
- **Konsum:** Umfasst neben dem Transport der Güter auch die Emissionen, die bei der Herstellung eines Produkts im Ausland entstehen, das hier konsumiert wird. In Deutschland für den Export hergestellte Güter bleiben außen vor.
- **Verkehr:** Nur Personenverkehr ohne Gütertransporte.
- Das Umweltbundesamt bietet auf seiner Webseite einen Rechner für den persönlichen Kohlendioxidausstoß (CO2-Ausstoß): www.uba.de.

Aus: DIE TAGESZEITUNG, Montag, 14. Dezember 2009

1 Der CO2-Fußabdruck dient als Bezeichnung, um die Auswirkungen menschlicher Aktivitäten auf das Klima darstellen zu können.

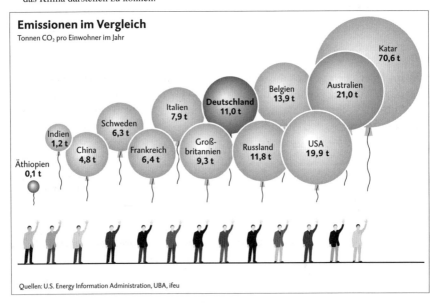

Emissionen im Vergleich
Tonnen CO_2 pro Einwohner im Jahr

Katar 70,6 t
Australien 21,0 t
Belgien 13,9 t
Deutschland 11,0 t
Italien 7,9 t
Schweden 6,3 t
Indien 1,2 t
China 4,8 t
Frankreich 6,4 t
Groß-britannien 9,3 t
Russland 11,8 t
USA 19,9 t
Äthiopien 0,1 t

Quellen: U.S. Energy Information Administration, UBA, ifeu

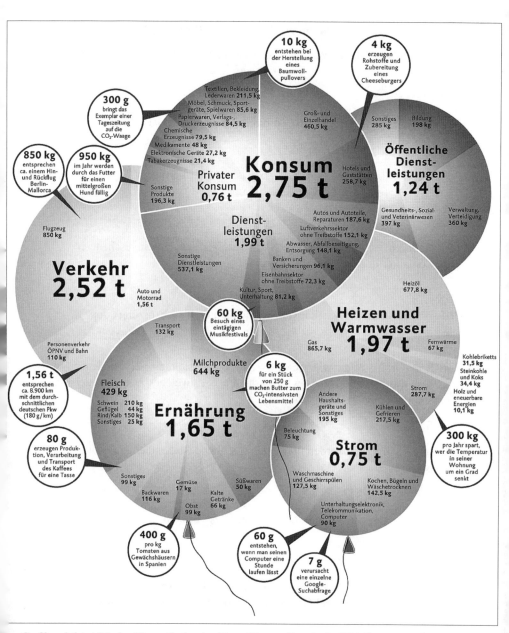

az-Grafiken: Infotext/Markus Kluger. Recherche: Manuel Bogner. Datenbasis: UBA, ifeu u.a., erschienen in der taz vom 14.12.2009

Lesekompetenz – Aufgaben zu den Texten „Meine elf Tonnen"   Punkte

301 In welchem Jahr wurden die Daten für die Grafiken zusammengetragen?   1

302 Wer hat den Auftrag für die Zusammenstellung der Daten erteilt?   1

303 Worüber informiert die Grafik „Emissionen im Vergleich"?   2

304 Notieren Sie den Anteil des CO_2-Ausstoßes, den ein eingeschalteter Computer in einer Stunde verursacht.   1

305 Welches deutsche Institut verbirgt sich hinter der Abkürzung „ifeu"?   1

306 Eine Grafik zeigt, wie viel CO_2 bei der Herstellung verschiedener Lebensmittel produziert wird. Notieren Sie, welches Lebensmittel am meisten CO_2 verursacht.   1

307 In den Grafiken werden drei unterschiedliche Maßeinheiten benutzt. Notieren Sie alle.   1

308 Wo können Sie Ihren „persönlichen CO_2-Ausstoß" berechnen lassen?   1

309 In einer Grafik werden für das Heizen und die Warmwasserbereitung verschiedene Energielieferanten aufgeführt. Notieren Sie den größten Energieträger.   1

310 Notieren Sie die Menge an CO_2, die sich durch das Absenken der Temperatur in der Wohnung um ein Grad innerhalb eines Jahres einsparen lässt.   1

_____

311 Erläutern Sie, was mit Emissions-„Grundstock" gemeint ist.   1

_____

_____

312 Erläutern Sie, warum es in der Überschrift „Meine elf Tonnen" heißt und nicht einfach nur „Elf Tonnen".   2

_____

_____

_____

Lesekompetenz gesamt   14

Während Ihres Praktikums in einem Reisebüro erhalten Sie die Aufgabe, fehlerhafte Hotelbewertungen zu überarbeiten, sodass diese veröffentlicht werden können.
Verbessern Sie alle Rechtschreib-, Zeichensetzungs-, Grammatik- und Ausdrucksfehler, wobei die Grammatikfehler unterschiedlicher Art sein können, z. B. Fehler in der Lexik, beim Kasus usw.

Punkte

481 **Ein Ort zum genießen ...** R: ___ 1

482 An dieser Ferienanlage begeisterte mich die außergewönliche Lage. R: ___ 1

483 Das Hotel lag direkt an die Dünen von Maspalomas und war ein wenig abseits vom Zentrum von Playa del Ingles. Gr (Kasus): ___ 1

484 Es befand sich an einem ruhigen Standort, aber zu Fuß kann man zu einem Einkaufszentrum laufen oder man fuhr mit einem Bus in das Stadtzentrum. Gr (Tempus): ___ 1

485 Mann kam von diesem Hotel schnell zu anderen Ausflugszielen. R: ___ 1

486 Das Hotel wurde erst 2003 komplett erarbeitet. Gr (Lexik): ___ 1

487 Es gab zwei Pools mit genügent Liegen, Auflagen und Sonnenschirmen. R: ___ 1

488	Die Zimmer waren geräumig, sauber und hatte eine umfangreiche Ausstattung.	Gr (Numerus): _____	1
489	Es wurden irre viele Sportarten angeboten.	A (Umgangssprache): _____	1
490	Es gab morgens und abends ein umfangreiches, und abwechslungsreiches Buffet.	Z: *Korrigieren Sie den Fehler im Text!*	1
491	Mit dem Essen war ich sehr zufrieden, weil es gab meistens einheimische Speisen.	Gr (Satzbau): _____	1
492	Mein abschliessendes Urteil: ein rundum gelungener Urlaub!	R: _____	1

Schreibkompetenz gesamt   12

5 Schreibkompetenz – Ausfüllen von Formularen

Sie sind der Lehrer Peter Fischer und organisieren die Abschlussfahrt Ihrer Klasse.
- Füllen Sie zur Durchführung Ihrer Klassenreise einen Überweisungsträger und ein Online-Formular aus.
- Entnehmen Sie die dafür notwendigen Informationen dem unten angefügten Material.

BRB Berliner Regionalbank

Peter Fischer
Konto-Nr.
88991012

Peter Fischer Heydestraße 15
10557 Berlin
p.fischer@berlin.com
030-3910039
0131-121110

DB BAHN
Anreise: 02. 06. 2011

Abfahrt: Berlin Hbf   08:58 Uhr
Ankunft: Gunzenhausen Bahnhof 15:00 Uhr

Abreise: 12. 06. 2011

Abfahrt: Gunzenhausen Bahnhof 10:16 Uhr
Ankunft: Berlin Hbf   16:13 Uhr

Berlin – Gunzenhausen
DB BAHN
Fahrtkostenkalkulator
Einzelpreis: 112,- EUR
Teilnehmer: 25
Gruppenpreis: 2.800,- EUR

Von: jhgunzenhausen@djh-bayern.de
An: p.fischer@berlin.com
Kopie:
Betreff: Buchungsbestätigung
Datum: 08. 05. 2011 10:42:13

Sehr geehrter Herr Fischer,

vielen Dank für die Buchung unserer Jugendherberge als Ziel Ihrer Klassenreise.

Wir bestätigen Ihre Buchung für 25 Personen, davon 11 Mädchen und 12 Jungen sowie jeweils einer männlichen und einer weiblichen Begleitperson.
Bitte überweisen Sie bis zum 31. 05. 2011 unter Ihrer Kunden-Nr. B1105 den Preis von 3 500,00 Euro für Unterbringung und Verpflegung auf unser Konto 789102 bei der Bayerischen Landesbank, Bankleitzahl 70050000.

Wir freuen uns auf Ihren Besuch und verbleiben mit freundlichen Grüßen

Jugendherberge Gunzenhausen
i. A. Huber

Aufgabe 1:

Füllen Sie den folgenden Überweisungsträger zur Bezahlung des Reisepreises mit den notwendigen Angaben aus.

Punkte: 1   2   1   1   1   1   1   1

Überweisung

BRB Berliner Regionalbank

100 678 00

(Bankleitzahl)

Schreibmaschine: normale Schreibweise!
Handschrift: Blockschrift in GROSSBUCHSTABEN
und dabei Kästchen beachten!

(Name und Sitz des beauftragten Kreditinstituts)

Begünstigter: Name, Vorname / Firma (max. 27 Stellen)

581

Konto-Nr. des Begünstigten

582

Kreditinstitut des Begünstigten   Bankleitzahl

583

EURO   E U R   Betrag

584

Kunden-Referenznummer - noch Verwendungszweck, ggf. Name und Anschrift des Auftraggebers - (nur für Begünstigten)

585

noch Verwendungszweck (insgesamt max. 2 Zeilen à 27 Stellen)

Kontoinhaber/Einzahler: Name (max. 27 Stellen, keine Straßen- oder Postfachangaben)

586

Konto-Nr. des Kontoinhabers

587

Datum   Unterschrift

588

2011-23

Aufgabe 2:

Füllen Sie das Formular in der Online-Maske der Bahn zur Buchung Ihrer Reise mit den geforderten Angaben aus.

DB BAHN

| 1 Reise wählen | 2 Preisangaben | 3 Buchen |

Start & Ziel 🚄

589 Reiseziel   Land: [_____] ▼   1

                Reiseziel: [_____] ▼

Abfahrtsort/Bahnhof: [_____] ▼   [_____] ▼

Reisetermin 🖊

590 Hinfahrt   Datum: [_____] 📅 ↕   1

Rückfahrt   Datum: [_____] 📅 ↕

591 Gewünschte Abfahrtzeiten   Hinfahrt: [_____] ▼   1

                         Rückfahrt: [_____] ▼

Teilnehmer

592 Teilnehmer(innen)   weiblich: [____]   männlich: [____]   1

Begleiter(innen)   weiblich: [____]   männlich: [____]

[Weiter]

DB BAHN

| 1 Reise wählen | 2 Preisangaben | 3 Buchen |

Preis 🔄

593 Einzelpreis: EUR [_____]   1

Teilnehmer (gesamt):   [_____]

Gruppenpreis: EUR [_____]

[Weiter]

DB BAHN

| 1 Reise wählen | 2 Preisangaben | 3 Buchen |

Kontaktdaten

Anrede   [▾]

*Vorname/Name: [ ] [ ]
*Straße/Hausnummer: [ ] [ ]
*PLZ/Ort: [ ] [ ]
*Telefon: [ ]

Mobilrufnummer: [ ]
*E-Mail: [ ]

**Felder müssen ausgefüllt werden!*

[Buchen]

2

Schreibkompetenz gesamt   16

Aufgabe:
Ihr Freund möchte sich auf die unten abgedruckte Stellenanzeige bewerben und bittet Sie um Hilfe bei der Ausformulierung eines angemessenen Bewerbungsanschreibens.

Verfassen Sie ein Bewerbungsanschreiben für die ausgeschriebene Stelle zu der unten abgedruckten Stellenanzeige aus dem „Berliner Tageblatt" vom 08. Mai 2011.
– Verwenden Sie dafür die Daten des Lebenslaufs.
– Gehen Sie beim Aufbau Ihres Schreibens entsprechend den Vorgaben vor.
– Achten Sie beim Schreiben darauf, einen sprachlich angemessenen, zusammenhängenden Text zu verfassen.

Lebenslauf

Persönliche Daten:

Vor- und Zuname:	Jan Janussen
Adresse:	Stedter Weg 123
	12340 Berlin
E-Mail:	janj@t-online.de
Telefon:	030/8901234
Geburtsdatum:	18. Mai 1994

Schulausbildung:

2001–2007	Grundschule Am Waldgraben
2007–2011	Gelbsandschule

Angestrebter Schulabschluss:

2011	Mittlerer Schulabschluss (MSA)

Praktika:

12. 06. 2010–02. 07. 2010	Betriebspraktikum bei der
	Berliner Markthalle GmbH
08. 11. 2010–12. 11. 2010	Sozialpraktikum im Pflegeheim

Besondere Kenntnisse:

30. 07. 2010–13. 08. 2010	Sprachkurs in Großbritannien
seit 01. 09. 2009	Mitarbeit in der AG „PC-Datenbank
	der Schulbibliothek" (Word, Excel)

Hobbys:

Handball, Gestalten von Webseiten, Mitglied der Schulband

Berlin, 12. 05. 2011   *Jan Janussen*

Berufsausbildung als Kauffrau/ -mann im Groß- und Außenhandel

Zum 01.09.2011 suchen wir engagierte Bewerber (m/w) für eine Ausbildung als Kauffrau/-mann im Groß- und Außenhandel. Wir bieten eine abwechslungsreiche Tätigkeit in einem zukunftsorientierten Unternehmen. Wir erwarten mindestens einen Mittleren Schulabschluss mit guten oder sehr guten Noten in Deutsch und Mathematik, gute Englischkenntnisse sowie Kenntnisse im Umgang mit PC (Word, Excel) und Internet. Teamfähigkeit, Leistungsbereitschaft und eine schnelle Auffassungsgabe, kommunikative sowie soziale Kompetenz und Interesse an wirtschaftlichen Abläufen und betrieblichen Zusammenhängen werden vorausgesetzt. Interessiert? Dann schicken Sie Ihre Bewerbung an:
Herrn Buchholz, Holz Import Export GmbH, Waldstr. 2, 12345 Berlin

Bewerbungsanschreiben

681 | Name, Anschrift, Telefon-Nr., (E-Mail) des Absenders, Ort, Datum

_____ 1

_____

682 | Anschrift des Unternehmens und Ansprechpartner

_____ 1

_____

_____

683 | Betreff

_____ 1

_____

684 | persönliche Anrede 1

_____

685 | Grund des Anschreibens

_____ 1

_____

_____

_____

686 | Interesse bekunden

_____ 2

_____

_____

687 | Eignung begründen mit zwei Belegen 2

_____

_____

688 | Name der Schule, Zeitpunkt und Art des voraussichtlichen Schul-
abschlusses darlegen

_____ 1

_____

_____

_____

689	Interesse an einem Kontakt bekunden	
		1

690	Grußformel	
	Jan Janussen	
	Anlagen Lebenslauf Halbjahreszeugnis der 10. Klasse Praktikumsbescheinigungen	1

691 Sprachliche Darstellungsleistung   3

692 Sprachliche Korrektheit (Grammatik)   3

693 Sprachliche Korrektheit (Rechtschreibung/Zeichensetzung)   3

694 Leserfreundliche Form (Übersichtlichkeit/Schriftbild)   1

Schreibkompetenz gesamt   22

Lösungsvorschläge

1 Herr Baedeker irrt nie *(Andreas Austilat)*

Lesekompetenz – Aufgaben zu Text 1 „Herr Baedeker irrt nie"

101

| a) … was ihn verdächtig macht. | Sein ungepflegtes Aussehen macht ihn verdächtig. |
| b) … wer ihn anzeigt. | Die Bewohner von Pilchow zeigen ihn an. |

✎ Hinweis: a) Es sind mehrere Antworten möglich. Du findest sie in Z. 1–4. b) In Z. 5 steht, dass ihn im schlesischen Pilchow niemand kennt und dass die Polizei alarmiert wird. Daraus lässt sich schließen, dass ihn die Bewohner von Pilchow anzeigen, eine konkrete Person wird nicht genannt.

102

Vernehmungsprotokoll	
a) Ort der Vernehmung	(Polizeistation) in Pilchow
b) Tag der Vernehmung	05. 06. 1820
c) Name, Vorname	Baedeker, Karl
d) Alter	19 Jahre
e) Beruf/derzeitige Tätigkeit	Buchdruckerlehrling
f) Wohnort	Berlin
g) Vorwurf der Polizei	Landstreicherei
h) Aussage zur Verteidigung	Er will ein Handbuch für Reisende verfassen. Dafür sammelt er Informationen.
i) Maßnahme der Polizei	Verhaftung

✎ Hinweis: a) Z. 5 und Z. 9 „Pilchower Polizeiakten", b) Z. 9, c) Z. 7, d) Z. 2, e) Z. 7, f) Z. 8, g) Z. 16, h) Z. 10/11, i) Z. 16

103 Sein Vater ist Buchdrucker und Verleger.

✎ Hinweis: Du findest die Antwort in Z. 18/19. Ein Beruf reicht.

104 Sein Vater kann für ihn bürgen.

✎ Hinweis: Du findest die Antwort in Z. 18/19. Richtig ist auch: Er kann für ihn zahlen (= bürgen). Sein Vater ist ein angesehener Mann in Essen.

105

	richtig	falsch
a) ... Menschen, die man auf Reisen kennenlernen sollte.	☐	☒
b) ... Trinkgelder, die man während der Reise geben sollte.	☒	☐
c) ... Sehenswürdigkeiten, die man besuchen sollte.	☒	☐
d) ... Sternbilder, die man für den Notfall kennen sollte.	☐	☒
e) ... Reisezeiten, die man einplanen sollte.	☒	☐

Hinweis: a) Das steht nicht im Text. b) Z. 31, c) Im Text werden mehrere Sehenswürdigkeiten aus dem „Baedeker" aufgezählt: der Pariser Louvre, die Treppe des Mailänder Doms und der Friedhof Père Lachaise in Paris. d) Das steht nicht im Text. e) Z. 11: „[...] wie lange ein Schiff von Köln bis Koblenz braucht [...]"

106

a) ... wer damals üblicherweise reiste.	Üblicherweise reiste damals der junge Adel.
b) ... zu welchem Zweck Reisen unternommen wurden.	Man reiste, um seine Erziehung zu vervollkommnen.

Hinweis: Du findest die Antworten in Z. 24–26. Richtig wäre bei (a) auch: englische Gentlemen.

107 Die Erweiterung des Schienennetzes ermöglichte, dass man schneller größere Entfernungen überwinden konnte.

Hinweis: Überlege, was die Vorteile von Reisen mit der Eisenbahn gegenüber dem Reisen mit der Kutsche oder auf dem Pferd sind. Richtig wäre auch die größere Bequemlichkeit.

108 Die Sterne dienen Baedeker dazu, etwas zu bewerten. Je höher die Anzahl der Sterne, desto höher die Bewertung.

Hinweis: Hier ist dein Alltagswissen gefragt: Bei Köchen und Hotels wird mit Sternen gekennzeichnet, wie sie bewertet werden.

109 Ein Handwerker musste dafür 6 Wochen arbeiten.

Hinweis: Du findest die Antwort in Z. 41.

a) ..., wozu Baedeker die „Erb-senzählerei" seinerzeit diente.	Baedeker zählte mithilfe der Erbsen die Stufen des Mailänder Doms, um nicht durcheinanderzukommen.
b) ... eine positive Charakterei-genschaft, die sich aus dieser Verhaltensweise ableiten lässt.	Er ist sehr sorgfältig.

🖋 *Hinweis: a) Du findest die Antwort in Z. 46–48.*
b) Hier ist dein Alltagswissen gefragt: sorgfältig, genau. Achte darauf, dass deine Antwort eine positive Charaktereigenschaft ist.

110

111 Es ist möglich, dass bei einer negativen Bemerkung im Reiseführer keine oder weniger Gäste kommen.

🖋 *Hinweis: Hier ist dein Alltagswissen gefragt.*

112 Baedeker hat den Reiseführer erfunden. Damit hat er den Tourismus ange-stoßen, denn die Leute haben durch diese Bücher erfahren, wie sie wohin kommen, mit welchen Kosten sie rechnen müssen und was sie dort erleben werden. So wurde die Lust auf Reisen geweckt und eine Reise auch leichter planbar.

🖋 *Hinweis: In der Einleitung steht, dass Baedeker den Reiseführer als neue Form von Literatur erfunden hat. Überlege dir mithilfe des Textes, welche Auswirkungen diese auf das Leben bzw. das Reisen gehabt haben könnte.*

113 Der Titel des Textes bezieht sich darauf, dass Baedeker bei der Recherche für seine Reiseführer sehr sorgfältig vorgegangen ist, um Fehler auszuschlie-ßen.

🖋 *Hinweis: Die Aussage wird zwischen Zeile 45 und 53 mit Beispielen be-legt. Du kannst dich auch auf das Libretto der Operette (vgl. Z. 54–56 und Fußnote 7) beziehen.*

114 Der Ruhm von Baedeker und von seinen gründlichen Reiseführern war so groß, dass man den Namen als Markenzeichen gelassen hat. Viele Menschen wussten, wie gut die Reisetipps im „Baedeker" recherchiert sind. Der Name war den Leuten ein Begriff.

Sprachwissen und Sprachbewusstsein – Aufgaben zu Text 1

151 ☒ Präsens

✦ *Hinweis: Bestimme die Zeitform mehrerer Verben aus verschiedenen Absätzen. Z. B. Z. 1/2: sieht aus, Z. 7: weist aus, Z. 16: lautet, Z. 31: sagt.*

152 junger Mann

✦ *Hinweis: Ein „Synonym" ist ein Wort mit gleicher oder sehr ähnlicher Bedeutung. Überlege, wie man zu „Bursche" außerdem sagen kann. Achte darauf, dass das Wort aus der Standardsprache kommt, also nicht aus der Jugendsprache: „Typ" wäre z. B. falsch.*

153

	Nummer
a) „Sechs Reiseführer <u>hat</u> er verfasst, einige <u>erscheinen</u> sogar auf Englisch und Französisch." (Z. 21–22)	(2) Satzreihe/ Satzverbindung
b) „Noch bis in die 90er Jahre des 20. Jahrhunderts <u>erreichten</u> Briefe den Verlag, <u>die</u> an den Gründer selbst adressiert <u>waren</u>." (Z. 67–68)	(4) Satzgefüge mit Relativsatz
c) „1844 <u>erscheint</u> sein Hauptwerk ‚Deutschland und der österreichische Kaiserstaat'." (Z. 44–45)	(1) Hauptsatz

✦ *Hinweis: Bestimme die finiten Verben. An ihrer Position erkennst du, ob es sich um ein Satzgefüge oder um eine Satzverbindung handelt. Untersuche, ob der Nebensatz mit einem Relativpronomen eingeleitet wird.*

154

a) … was dieses Wort im Text- zusammenhang bedeutet.	Das Wort „bessergestellt" bezieht sich auf „Stände" und bezeichnet hier Stände, also Berufe, in denen man ein höheres Ansehen bzw. ein höheres Einkommen hat.
b) … weshalb dieses Wort hier nicht auseinander geschrie- ben werden darf.	Es darf nicht auseinander geschrieben werden, weil sich sonst die Bedeutung verändert.

✦ *Hinweis: a) Lies dir zur Erklärung den ganzen Satz noch einmal durch.*
b) Vielleicht hilft es dir, eine Wortgruppe für jede Schreibweise zu bilden. Sieh auch im Wörterbuch nach, ob es dort eine Erklärung gibt.

155 Es ist nicht belegt, dass die Gendarmen gelacht haben. Man kann das nur vermuten.

Hinweis: Der Konjunktiv wird verwendet, wenn man sich etwas so vorstellt, wenn eine Möglichkeit besteht, die aber nicht sicher so ist/war.

156 Und Karl <u>wird</u> seine Ideen <u>verwirklichen.</u>"

Hinweis: Da es sich um einen Passiv-Satz handelt, gehört zum Prädikat das finite/gebeugte Verb von „werden" und das Verb im Partizip Perfekt (verwirklichen).

157 Subjekt und Prädikat

Hinweis: Bilde den zweiten Satz vollständig: „<u>Das ist</u> immerhin ein Drittel des Zimmerpreises." Oder „Immerhin <u>ist es</u> ein Drittel des Zimmerpreises." Bestimme nun die Satzglieder „das/es" und „ist".

158 Dadurch wird betont, dass Baedeker in einer Scheune geschlafen hat.

Hinweis: Das Wort „schlafen" ist an die erste Stelle im Satz gerückt und wird dadurch besonders wichtig. Nicht richtig wäre die Antwort: „Damit der Text spannend anfängt."

159 „Das" bezieht sich auf die Tatsache im vorangehenden Satz, dass Baedeker schon sieben Jahre tot war.

Hinweis: „Das" ist ein Relativpronomen und bezieht sich auf den vorhergehenden Hauptsatz. Lies die Sätze im Zusammenhang.

160

a) …, wo diese erfundene direkte Rede im Text endet, indem Sie die letzten drei Wörter aufschreiben.	„… sich angucken muss."
b) … einen möglichen Grund für die Verwendung dieses stilistischen Mittels.	Die direkte Rede macht den Text abwechslungsreicher und spannender. Sie erweckt den Eindruck, als hätte Baedeker das wirklich gesagt. Das macht den Zeitungsartikel authentischer.

Hinweis: a) Lies dir den Abschnitt Z. 10–15 durch. In der direkten Rede erzählt Baedeker von seinen Plänen. Das Subjekt heißt in beiden Sätzen „ich", das Prädikat steht jeweils im Futur. Das trifft auf die im Abschnitt folgenden Sätze nicht zu.

b) Mit dem stilistischen Mittel „direkte Rede" will der Autor eine bestimmte Wirkung erzielen. Er unterbricht damit den Textfluss. Die Aufmerksamkeit des Lesers wird erhöht, um die sehr innovativen Pläne des jungen Baedeker vorzustellen. Die hier vorgestellte Musterlösung ist sehr ausführlich. Du musst nur einen Aspekt nennen.

161 Komparativ

Hinweis: Die Steigerungsstufen heißen: Positiv (spät), Komparativ (später) und Superlativ (am spätesten).

162 Das Adjektiv „abgebrannten" bezieht sich auf das Nomen „Kerze" im vorhergehenden Teilsatz.

2 Der Afrikaner *(J. M. G. Le Clézio)*

Lesekompetenz – Aufgaben zu Text 2 „Der Afrikaner"

201

a) … den Beruf seines Vaters.	Arzt
b) …, warum dieser nach dem Studium eine gemeinnützige Arbeit übernehmen musste.	Er hatte vom Staat ein Stipendium erhalten.
c) …, wo er diese zunächst ausführen sollte.	in der Abteilung für tropische Krankheiten im Krankenhaus Southampton

Hinweis: Du findest die Antworten im Text: a) Z. 7, b) Z. 8/9, c) Z. 9–11.

202 Er fuhr nach Georgetown in Britisch-Guayana.

Hinweis: Du findest die Antwort im Text Z. 19/20.

203 Er musste auf seine Frau und seine Kinder verzichten und wurde dadurch für diese zu einem Fremden.

Hinweis: Du sollst einen Nachteil nennen, den das Leben als Arzt in Britisch-Guayana mit sich bringt. Verschiedene Antworten sind möglich. Zum einen werden im Text Z. 38–41 einige Nachteile aufgezählt. Aber auch in Z. 27–35 werden Nachteile des eingeschlagenen Wegs genannt.

204

Familienmitglied	Charaktereigenschaft
a) Mutter:	phantasievoll
b) Großmutter:	großherzig
c) Vater:	autoritär

Hinweis: Im Text werden mehrere Charaktereigenschaften genannt, die ebenfalls als richtige Antwort genannt werden können.

205

	richtig	falsch
a) Der Großvater will Auseinandersetzungen mit seiner Familie heraufbeschwören.	☐	☒
b) Der Großvater ist ein egoistischer und rücksichtsloser Mensch.	☐	☒
c) Der Großvater liebt seine Frau.	☒	☐
d) Der Großvater hat andere Erziehungsvorstellungen als seine Frau.	☒	☐
e) Der Großvater mischt sich in die Erziehung seiner Enkel nicht ein.	☒	☐

Hinweis: a) und b) Dafür gibt es keinen Hinweis im Text. c) Z. 57, d) Z. 56 (war nach strengeren Prinzipien erzogen worden), e) Z. 52/53: Großmutter war bisher einzige Autorität und Z. 59: Großvater schloss sich die meiste Zeit in sein Zimmer ein.

206

b) ... zur Regenrinne zu gelangen.	☒

Hinweis: Du findest die Antwort im Text Z. 68.

207 Der Vater behandelte z. B. Lepra.

Hinweis: Du findest die Antwort im Text Z. 32. Du brauchst nur eine Krankheit zu nennen.

208

	richtig	falsch
a) ... er sich neuen Anforderungen stellen musste.	☒	☐
b) ... er reifer wurde, da er in Afrika sein kindliches Verhalten ablegen musste.	☒	☐

c) ... er bei seiner Ankunft in Afrika volljährig war.	☐	**☒**
d) ... für ihn in Afrika ein neuer Lebensabschnitt begann.	**☒**	☐

✔ Hinweis: a) Sein Umzug nach Afrika bringt selbstverständlich neue Anforderungen mit sich.
b) In Z. 50 wird der Vater als sehr autoritär beschrieben. Da Le Clézio seine Kindheit bisher regellos und frei gelebt hatte, muss er sein bisheriges (kindliches) Verhalten ablegen. Vgl. außerdem Z. 84/85: „... nie wieder den Wutanfällen meiner Kindheit freien Lauf lassen."
c) Dafür gibt es keinen Hinweis im Text.
d) Z. 85/86: Er sagt selbst, das sei der Schritt in eine neue Welt gewesen.

209

a) ein Eindruck:	die lange Fahrt im strömenden Regen über die unbefestigte Straße
b) ein weiterer Eindruck:	die Begegnung mit dem Vater

✔ Hinweis: Die Antworten findest du im Text Z. 42–49.

210

a) ... auf welche Person sich „Seine" bezieht.	auf den Vater
b) ... <u>für wen</u> diese Haltung zu einem Problem wurde.	für den Erzähler Le Clézio und seinen Bruder
c) ... <u>weshalb</u> diese Haltung zu einem Problem wurde.	Die Haltung des Vaters wurde zum Problem, da die Kinder bisher in einer Welt mit entgegengesetzten Normen gelebt hatten.

✔ Hinweis: a) Lies den vorangehenden Satz noch einmal. Darin geht es um den Vater. Die Beschreibung des Vaters geht hier weiter.
b) Lies den folgenden Satz noch einmal. Es ist wichtig, dass du beide Brüder erwähnst, denn sie sind beide betroffen.
c) Lies noch einmal, wie die Jungen bisher erzogen wurden, und überlege dir den Unterschied zur autoritären Einstellung, die der Vater hat.

211

a) ... ein Beispiel für ein solches Verhalten aus dem Text.	Er kletterte mit seinem Bruder über das Balkongeländer, um zur Regenrinne zu gelangen.

b) ..., warum er sich so verhalten konnte.	Er lebte in einem regellosen Paradies, das heißt, ihm wurden als Kind keine Regeln vermittelt, an die er sich halten musste.

Hinweis: a) Eine richtige Antwort wären auch die Wutanfälle (Z. 73–78). b) Du findest die Antwort in Z. 50 ff.

Sprachwissen und Sprachbewusstsein – Aufgaben zu Text 2

251 „Vermutlich aus Stolz, um der tristen englischen Gesellschaft zu entfliehen, und nicht zuletzt aus Abenteuerlust."

Hinweis: Lies dir den genannten Abschnitt noch einmal durch. In einem unvollständigen Satz fehlen Satzglieder. In diesem Beispiel fehlt der gesamte vorangehende Satz. Komplett würde er lauten: Er hat vermutlich aus Stolz, um der tristen englischen Gesellschaft zu entfliehen, und nicht zuletzt aus Abenteuerlust einen anderen Weg eingeschlagen.

252 Nach einem kurzen Vokal folgt ein doppelter Konsonant, hier also Doppel-S.

253 Schläge

Hinweis: Ein „Synonym" ist ein Wort mit gleicher oder ähnlicher Bedeutung. Überlege, was „körperliche Züchtigung" bedeutet und was man außerdem sagen kann. Achte darauf, dass das Wort aus der Standardsprache kommt.

254 sanft

Hinweis: Der Wortstamm ist der „Kern" eines Wortes, der bleibt, nachdem mögliche Vorsilben, Endungen und veränderte Vokale weggenommen worden sind. Er kann nicht weiter zerlegt werden.

255 Konjunktiv

Hinweis: Es geht hier um eine gedankliche Vorstellung, also wird nicht von der Realität gesprochen und deshalb der Konjunktiv verwendet.

256 Wutanfall, Möbelstück, Spielzeug oder Augenblick

Hinweis: Achte darauf, dass du ein zusammengesetztes Substantiv aus den angegebenen Zeilen auswählst.

257 unwichtig, nebensächlich

Hinweis: Überlege, was „belanglos" bedeutet und was man außerdem sagen kann. Achte darauf, dass das Wort in den Satz passt.

258

„Ich nehme an,	HS
dass meine Großeltern und meine Mutter so erschrocken waren,	NS
dass sie uns zu bestrafen verga-ßen,	NS
nachdem wir uns bereit gefunden hatten zurückzukommen."	NS

Hinweis: Bestimme die Position des finiten Verbs: Im Hauptsatz steht es an 2. Stelle, im Nebensatz am Ende.

259

a) Um welches Stilmittel handelt es sich hier?	Hyperbel
b) Erläutern Sie, was mit dieser Formulierung gemeint ist.	Damit ist gemeint, dass der Vater in ein fremdes Land in sehr weiter Entfernung gezogen ist.

Hinweis: „Ans Ende der Welt" ist eine Übertreibung, für einen Ort, der weit weg und fremd ist. Daher kann es sich um das Stilmittel „Hyperbel" handeln.

260 Es soll betont werden, dass etwas unwiderruflich vorbei ist.

Hinweis: Eine Anapher ist die Wiederholung eines Satzanfangs, wodurch etwas hervorgehoben wird: Der Autor verdeutlicht sehr emotional, dass diese Reise das Ende der Kindheit bedeutete.

261

	Singular	Plural
a) Maskulinum:	der Wandel	*kein Plural möglich*
	der Vater	die Väter
b) Femininum:	die Reise	die Reisen
	die Anweisung	die Anweisungen
	die Abfahrt	die Abfahrten

c) Neutrum:	das Ende	die Enden oder *kein Plural möglich*
	das Haar	die Haare

Hinweis: Du kannst die Pluralform im Wörterbuch überprüfen, falls du genügend Zeit hast. Bei manchen Worten ist eine Pluralbildung nur möglich, wenn das Wort in einer bestimmten Bedeutung gemeint ist.

3 Meine elf Tonnen

Lesekompetenz – Aufgaben zu den Texten „Meine elf Tonnen"

301 2007

Hinweis: Du findest die Antwort in der 2. Zeile des Vorworts.

302 das Umweltbundesamt

Hinweis: Du findest die Antwort in Zeile 2/3 des Vorworts und unterhalb der Grafiken. Achte darauf, dass nach dem Auftraggeber gefragt wird und nicht nach dem Institut, das die Daten zusammengestellt hat.

303 über die durchschnittlichen CO_2-Emissionen pro Einwohner im Jahr in verschiedenen Ländern

Hinweis: Du findest die Antwort in der Überschrift der ersten Grafik.

304 60 g

Hinweis: Du findest die Antwort in der zweiten Grafik im Bereich „Strom", in der rechten unteren Ecke.

305 das Heidelberger Institut für Energie- und Umweltforschung

Hinweis: Du findest die Antwort in der zweiten Zeile des Vorworts.

306 Milchprodukte

Hinweis: Du findest die Antwort in der zweiten Grafik im Bereich Ernährung. Vergleiche die Mengenangaben: Milchprodukte verursachen 644 kg CO_2.

307 g, kg, t

308 auf einem Rechner auf der Webseite des UBA: www.uba.de

Hinweis: Du findest die Antwort in der letzten Zeile des Vorworts.

309 Gas

Hinweis: Du findest die richtige Antwort in der zweiten Grafik im Bereich „Heizen und Warmwasser". Vergleiche die Mengenangaben miteinander: Gas verursacht 865,7 kg CO_2.

310 300 kg

Hinweis: Du findest die Antwort in einer Lupe in der zweiten Grafik im Bereich „Heizen und Warmwasser".

311 Der „Emissions-Grundstock" ist die Emission, die der Staat verursacht und die gleichmäßig auf alle Einwohner verteilt wird.

Hinweis: Du findest die Antwort im Vorwort unter dem Stichpunkt „Öffentliche Dienstleistungen".

312 In dieser Kohlendioxidbilanz geht es um den Verbrauch jedes einzelnen Bundesbürgers. Um deutlich zu machen, dass jeder von den Aussagen der Grafik betroffen ist, heißt der Titel „Meine elf Tonnen". Der Leser soll dadurch emotional angesprochen werden.

Hinweis: Hier wird indirekt nach der Bedeutung dieser Grafik gefragt. Lies dir die Erläuterung in der rechten oberen Ecke der Grafik (Kasten) durch. Oder überlege dir, wie die Wirkung der Grafik wäre, wenn sie „Elf Tonnen" hieße.

481

| **Ein Ort zum genießen ...** | R: _Ein Ort zum Genießen_ |

482 | An dieser Ferienanlage begeisterte mich die <u>außergewönliche</u> Lage. | R: _außergewöhnliche_ |

483 | Das Hotel lag direkt an <u>die</u> Dünen von Maspalomas und war ein wenig abseits vom Zentrum von Playa del Ingles. | Gr (Kasus): _den Dünen_ |

484 | Es befand sich an einem ruhigen Standort, aber zu Fuß <u>kann</u> man zu einem Einkaufszentrum laufen oder man fuhr mit einem Bus in das Stadtzentrum. | Gr (Tempus): _konnte_ |

485 | <u>Mann</u> kam von diesem Hotel schnell zu anderen Ausflugszielen. | R: _Man_ |

486 | Das Hotel wurde erst 2003 komplett <u>erarbeitet</u>. | Gr (Lexik): _erbaut/saniert/renoviert/ fertiggestellt_ |

487 | Es gab zwei Pools mit <u>genügent</u> Liegen, Auflagen und Sonnenschirmen. | R: _genügend_ |

488 | Die Zimmer waren geräumig, sauber und <u>hatte</u> eine umfangreiche Ausstattung. | Gr (Numerus): _hatten_ |

489	Es wurden <u>irre</u> viele Sportarten angeboten.	A (Umgangssprache): *sehr*
490	Es gab morgens und abends ein umfangreiches, und abwechslungs- reiches Buffet.	Z: *Korrigieren Sie den Fehler im Text!*
491	Mit dem Essen war ich sehr zufrie- den, weil es <u>gab meistens</u> einheimi- sche Speisen.	Gr (Satzbau): *Mit dem Essen war ich sehr zufrieden, weil es meistens einheimische Speisen gab.*
492	Mein <u>abschliessendes</u> Urteil: ein rundum gelungener Urlaub!	R: *abschließendes*

Überweisung

BRB Berliner Regionalbank

100 678 00

(Name und Sitz des beauftragten Kreditinstituts)

(Bankleitzahl)

Schreibmaschine: normale Schreibweise!
Handschrift: Blockschrift in GROSSBUCHSTABEN
und dabei Kästchen beachten!

Begünstigter: Name, Vorname / Firma (max. 27 Stellen)

JUGENDHERBERGE GUNZENHAUSEN

Konto-Nr. des Begünstigten

7 8 9 1 0 2

Bankleitzahl

7 0 0 5 0 0 0 0 0

Kreditinstitut des Begünstigten

BAYERISCHE LANDESBANK

EURO

E U R

Betrag

3 5 0 0 , 0 0

Kunden-Referenznummer - noch Verwendungszweck, ggf. Name und Anschrift des Auftraggebers - (nur für Begünstigten)

B 1 1 0 5

noch Verwendungszweck (insgesamt max. 2 Zeilen à 27 Stellen)

Kontoinhaber/Einzahler: Name (max. 27 Stellen, keine Straßen- oder Postfachangaben)

PETER FISCHER

Konto-Nr. des Kontoinhabers

7 0 0 5 0 0 0 0 0

12.5.2011

Datum

Peter Fischer

Unterschrift

581
582
583
584
585
586
587
588

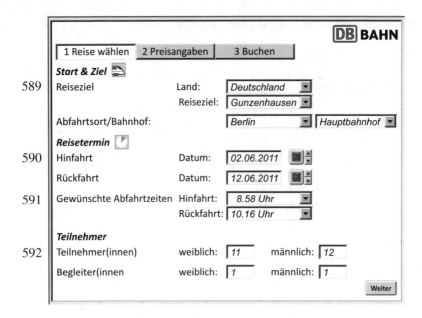

589

590

591

592

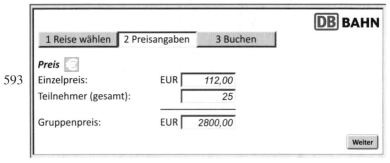

593

594

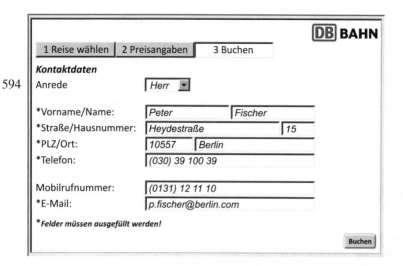

DB BAHN

| 1 Reise wählen | 2 Preisangaben | 3 Buchen |

Kontaktdaten

Anrede — Herr ▾

*Vorname/Name: — Peter — Fischer
*Straße/Hausnummer: — Heydestraße — 15
*PLZ/Ort: — 10557 — Berlin
*Telefon: — (030) 39 100 39

Mobilrufnummer: — (0131) 12 11 10
*E-Mail: — p.fischer@berlin.com

Felder müssen ausgefüllt werden!

Buchen

Janussen, Jan   Berlin, den 9. 5. 2011
StedterWeg123
12340 Berlin

janj@t-online.de
030/8901234

Holz Import Export GmbH
Herrn Buchholz
Waldstr. 2
12345 Berlin

Bewerbung um einen Ausbildungsplatz
als Kaufmann im Groß- und Außenhandel
Ihre Anzeige im „Berliner Tageblatt" vom 08. 05. 2011

Sehr geehrter Herr Buchholz,
hiermit möchte ich mich bei Ihnen um einen Ausbildungsplatz zum Kaufmann im Groß- und Einzelhandel bewerben. Ich interessiere mich seit einiger Zeit für den Beruf des Kaufmanns im Groß- und Außenhandel. Während eines Betriebspraktikums bei der Berliner Markthalle GmbH habe ich eine konkrete Vorstellung von den vielseitigen Aufgabengebieten bekommen. Dadurch hat sich mein Berufswunsch bestätigt.

Für diesen Beruf bin ich geeignet, da ich mich für wirtschaftliche Abläufe interessiere. Zu Hause unterstütze ich meine Eltern beim Führen des Haushaltsbuchs und der Bankgeschäfte. Dabei profitiere ich von meiner Mitarbeit in der AG „PC-Datenbank der Schulbibliothek", denn ich habe dort gelernt, mit Word und Excel umzugehen.

Außerdem spreche ich sehr gut Englisch, da ich im vergangenen Sommer einen Sprachkurs in Großbritannien absolviert habe.

Zurzeit besuche ich die Gelbsandschule, die ich voraussichtlich im Juni 2011 mit dem Mittleren Schulabschluss beenden werde.

Über eine Einladung zum Vorstellungsgespräch freue ich mich sehr.

Mit freundlichen Grüßen
Jan Janussen

1 DEN STECKER GEZOGEN
„GUTE NACHT, DU SCHÖNE WELT"
Jennifer Hertlein

Die Journalisten Christoph Koch und Alex Rühle wollten wissen: Kann man heute überhaupt noch offline leben, ohne Internet und Handy? Hält das ein modernes Leben aus?

1 Wir leben mit dem Internet. Im Büro und zu Hause natürlich – aber mittlerweile auch unterwegs, mit mobilem Internetzugang am Laptop oder über das Smartphone. Wir sind daueronline, ständig zu erreichen, wir kommunizieren nonstop. Aber was passiert, wenn man mal den Stecker zieht, die WLAN-Verbindung
5 kappt und für ein paar Wochen oder gar Monate auf das Internet verzichtet? Können wir in dieser Gesellschaft überhaupt noch ohne Internet leben? Zwei Journalisten haben es im Selbstversuch ausprobiert – und jeweils ein Buch darüber geschrieben.

Christoph Koch (36) zog um. Und saß dann ohne Internetzugang in der neuen
10 Wohnung. Damit fühlte er sich äußerst unwohl: Er hatte das Gefühl, andauernd etwas zu verpassen. Seine Lösung: Er kaufte sich einen teuren Internetstick. Nur um wieder am Leben in der virtuellen Welt teilnehmen zu können.

„Wenn ich mal ein paar Tage unterwegs bin, kommst du damit deutlich besser klar, als wenn du ein paar Tage aufs Internet verzichten musst", sagt
15 Christoph Kochs Freundin in seinem Buch „Ich bin dann mal offline" zu ihm. Koch leugnete das, obwohl er wusste, dass er es ohne Internet nicht aushielt. Und schon hatte er die Idee zu einem Selbstversuch: Mindestens einen Monat lang wollte er weder Internet noch Handy nutzen.

Entzugserscheinungen
20 Koch dachte, er sei auf das Internet angewiesen. Als Journalist bekommt er viele Aufträge per E-Mail. Auch zur Pflege seiner Freundschaften spielt es eine große Rolle. So läuft es eben: schnell noch mal dem Kumpel über Facebook schreiben. Und wie hieß noch mal der Sänger von dieser einen Band? Ach, das kann man doch schnell googeln. Und ehe man es sich versieht, klickt man von einem
25 Eintrag zum nächsten. Und das stundenlang.

Am Anfang fehlte Koch das Internet. Er spürte „Phantomvibrationen" in seiner Hosentasche. Er fand die Kontaktdaten seiner Freunde nicht mehr. Und er musste wieder Briefe schreiben, anstatt im Rekordtempo E-Mails zu versenden. Sogar Kopfschmerzen bekam er. […]

Heimlich E-Mails gecheckt

Koch fiel es schwer, offline zu sein. Alex Rühle (40), ebenfalls Journalist, ging es genauso. Auch Rühle hat den Selbstversuch gewagt. In seinem Buch „Ohne Netz" berichtet er davon. Rühle traute sich, gleich ein halbes Jahr offline zu gehen. „War ein eher ruhiger Tag: 68 Mails im Eingang, 45 geschrieben. Ich mache den Rechner aus, ziehe meine Jacke an, stelle mich in den Aufzug und denke: Harakiri. Gute Nacht, du schöne Welt." Das schrieb er an dem Abend, an dem er den Stecker zog.

Früher deponierte Rühle sein Handy abends auf dem Schuhschrank, damit er vor dem Schlafengehen noch heimlich E-Mails checken konnte. Während des Experiments musste er neu recherchieren lernen, im eigenen Gehirn googeln – und ständig nach Telefonzellen, Briefkästen und Faxgeräten Ausschau halten.

„Das wahrscheinlich Schlimmste an meiner digitalen Sucht", schreibt Rühle, „war die Aufmerksamkeitszerstäubung, die Schwierigkeit, konzentriert über lange Strecken an ein und derselben Sache zu arbeiten." Koch ging es ähnlich. Als die beiden noch Internet hatten, konnten sie zur Ablenkung zwischendurch schnell auf YouTube klicken.

Der Computer bleibt erst mal aus

Doch nachdem sie die ersten Tage und Wochen überstanden hatten, merkten sowohl Koch als auch Rühle, dass es gar nicht so schlimm ist ohne das Internet. Sie mussten keine 80 E-Mails am Tag mehr beantworten. Und sie waren auch ganz einfach mal nicht erreichbar.

Nach dem Ende des Versuches fielen sowohl Koch wie auch Rühle schnell in ihre alten Gewohnheiten zurück. Aber sie haben auch einiges aus ihrer Offline-Zeit mitgenommen. „So schalte ich beispielsweise nicht mehr als Erstes jeden Morgen den Computer ein und lasse mich von der ersten Welle der Mails wegspülen", schreibt Koch in seinem Buch.

Aus beiden Büchern geht eindeutig hervor: Das Internet ist nicht böse. Im Gegenteil, es ist der Fortschritt und wir brauchen es in unserem Alltag. Aber sicher würde es jedem von uns guttun, das eigene Nutzungsverhalten mal genauer unter die Lupe zu nehmen. Oder wie Rühle schreibt: „Im Foyer des Hotels logge ich mich viermal in deren Rechner ein, um nach Mails zu schauen. Klar, alles sehr wichtig, ... aber muss ich mich deshalb tatsächlich viermal einloggen?"

Aus der Zeitschrift Fluter, 19.11.2010

Lesekompetenz – Aufgaben zu Text 1
„Den Stecker gezogen"   Punkte

101 Notieren Sie, wer den Artikel verfasst hat.   1

_____

102 Ergänzen Sie die fehlenden Angaben in der folgenden Tabelle.   2

	Christoph Koch	Alex Rühle
a) Alter		
b) Beruf		
c) Titel des Buches		

103 Erklären Sie,
   a) was ein „Selbstversuch" ist.
   b) welcher Selbstversuch im Text beschrieben wird.

   a) _____   1

   _____

   b) _____   1

   _____

104 Notieren Sie die jeweilige Dauer der Selbstversuche von: 1

Alex Rühle	
Christoph Koch	

105 Im Text heißt es, dass Christoph Koch sich in seiner neuen Wohnung
    unwohl fühlte (Z. 9–11).
    Notieren Sie, worin sein Unwohlsein bestand.   1

_____

_____

_____

106 Notieren Sie, was der <u>Anlass</u> für Christoph Kochs Selbstversuch war. 1

_____

_____

107 Notieren Sie drei <u>Tätigkeiten</u>, die im Text (Z. 20–29) mit dem Begriff „Online-Sein" verbunden werden. 2

• _____

• _____

• _____

108 Eine Teilüberschrift lautet „Entzugserscheinungen". Notieren Sie ein Beispiel aus dem Text, wie sich diese Entzugserscheinungen äußern. 1

_____

_____

109 Notieren Sie die zwei im Text genannten Vorteile, die Koch und Rühle für sich entdeckten, als sie „offline" waren. 1

• _____

_____

• _____

_____

110 Im Text heißt es: „Wir leben mit dem Internet." (Z. 1)
Notieren Sie, auf wen das Personalpronomen verweist. 1

_____

111 Der Untertitel des Textes heißt: „Gute Nacht, du schöne Welt."
Erläutern Sie dessen Bedeutung im Textzusammenhang. 2

_____

_____

_____

112 Kreuzen Sie an, welche der folgenden Aussagen bezogen auf den Text richtig bzw. falsch sind.

3

		richtig	falsch
a)	Das Internet spielt eine große Rolle bei der Pflege von Freundschaften.	☐	☐
b)	Beide Versuchspersonen gewöhnten sich für die Dauer des Versuchs nicht an ein Leben ohne Internet.	☐	☐
c)	Der Selbstversuch erforderte eine völlig neue Arbeitsweise im Beruf.	☐	☐
d)	Der Selbstversuch führte zur Erkenntnis, dass das Internet eigentlich überflüssig ist.	☐	☐
e)	Die Ergebnisse der Selbstversuche wurden ausschließlich im Internet veröffentlicht.	☐	☐

113 Am Ende des Textes werden Folgerungen genannt, die sich aus den Selbstversuchen ergeben. Welche der folgenden Aussagen sind darauf bezogen richtig bzw. falsch?

2

		richtig	falsch
a)	Das Internet ist eine zukunftsweisende Erfindung.	☐	☐
b)	Das Internet ist alles andere als nützlich.	☐	☐
c)	Man muss sein eigenes Internetverhalten überprüfen.	☐	☐
d)	Das Internet verführt zu häufigem Gebrauch.	☐	☐

Lesekompetenz gesamt   20

151 In Zeile 49 heißt es: „[…] dass es gar nicht so schlimm ist ohne das
   Internet." Die Satzgliedstellung in diesem Nebensatz ist unüblich, da
   das finite Verb nicht am Ende steht.
   Welche Wirkung wird durch diese Satzgliedstellung erzielt?   1

   _____

   _____

152 Im Text heißt es: „Koch leugnete […]"
   Ersetzen Sie „leugnete" durch ein Synonym in der korrekten Zeit-
   form.   1
   Koch _____ […]

153 Im Text heißt es: „im eigenen Gehirn googeln" (Z. 40).
   Erklären Sie, was mit dieser Metapher gemeint ist.   1

   _____

   _____

   _____

154 Im Text heißt es: „Und ehe man es sich versieht, klickt man von
   einem Eintrag zum nächsten."
   Begründen Sie, weshalb „nächsten" hier kleingeschrieben werden
   muss.   1

   _____

   _____

155 Im Text steht der Begriff „Aufmerksamkeitszerstäubung" (Z. 43).
   a)   Um welches rhetorische Gestaltungsmittel handelt es sich hier?
   b)   Erläutern Sie, was mit diesem Begriff gemeint ist.

   a)   _____   1
   b)   _____   1

156 Ergänzen Sie die Tabelle mit den passenden Fremdwörtern aus dem
fett gedruckten Einleitungssatz sowie aus den Zeilen 1–3 des Textes.　　2

	Fremdwort
Klapprechner	
Berichterstatter	
ununterbrochen	
sich unterhalten	

157 Erklären Sie die Bedeutung der Redewendung „etwas genauer unter
die Lupe nehmen" (Z. 59–60).　　1

_____

_____

158 Bestimmen Sie die Wortarten der unterstrichenen Wörter.

Doch nachdem sie die ersten Tage und Wochen überstanden hatten, ... (Z. 48)		1
Nach dem Ende des Versuches fielen sowohl Koch wie auch Rühle ... (Z. 52)		1

159 Ordnen Sie jedem Satz die richtige Kommaregel zu.

1) Aufzählung
2) Infinitivgruppe, die sich auf ein Substantiv bezieht
3) Apposition
4) Satzgefüge
5) Satzverbindung / Satzreihe

		Nummer	
a)	Alex Rühle (40), einem Journalisten, ging es genauso.		1
b)	Das schrieb er an dem Abend, an dem er den Stecker zog.		1
c)	Er hatte das Gefühl, andauernd etwas zu verpassen.		1

Sprachwissen und Sprachbewusstsein gesamt　14

2 Stimmen (Auszug aus dem Roman „Ruhm")
Daniel Kehlmann

1 Noch bevor Ebling zu Hause war, läutete sein Mobiltelefon. Jahrelang hatte er sich geweigert, eines zu kaufen, denn er war Techniker und vertraute der Sache nicht. Wieso fand niemand etwas dabei, sich eine Quelle aggressiver Strahlung an den Kopf zu halten? Aber Ebling hatte eine Frau, zwei Kinder und eine Hand-
5 voll Arbeitskollegen, und ständig hatte sich jemand über seine Unerreichbarkeit beschwert. So hatte er endlich nachgegeben, ein Gerät erworben und gleich vom Verkäufer aktivieren lassen. Wider Willen war er beeindruckt: Schlechthin perfekt war es, wohlgeformt, glatt und elegant. Und jetzt, unversehens, läutete es.

Zögernd hob er ab.

10 Eine Frau verlangte einen gewissen Raff, Ralf oder Rauff, er verstand den Namen nicht.

Ein Irrtum, sagte er, verwählt. Sie entschuldigte sich und legte auf.

Am Abend dann der nächste Anruf. „Ralf!", rief ein heiserer Mann. „Was ist, wie läuft es, du blöde Sau?"

15 „Verwählt!" Ebling saß aufrecht im Bett. Es war schon zehn Uhr vorbei, und seine Frau betrachtete ihn vorwurfsvoll.

Der Mann entschuldigte sich, und Ebling schaltete das Gerät aus.

Am nächsten Morgen warteten drei Nachrichten. Er hörte sie in der S-Bahn auf dem Weg zur Arbeit. Eine Frau bat kichernd um Rückruf. Ein Mann brüllte,
20 dass er sofort herüberkommen solle, man werde nicht mehr lange auf ihn warten; im Hintergrund hörte man Gläserklirren und Musik. Und dann wieder die Frau: „Ralf, wo bist du denn?"

Ebling seufzte und rief den Kundendienst an.

Seltsam, sagte eine Frau mit gelangweilter Stimme. So etwas könne über-
25 haupt nicht passieren. Niemand kriege eine Nummer, die schon ein anderer habe. Da gebe es jede Menge Sicherungen.

„Es ist aber passiert!"

Nein, sagte die Frau. Das sei gar nicht möglich.

„Und was tun Sie jetzt?"

30 Wisse sie auch nicht, sagte sie. So etwas sei nämlich gar nicht möglich.

Ebling öffnete den Mund und schloss ihn wieder. Er wusste, dass jemand anderer sich nun sehr erregt hätte – aber so etwas lag ihm nicht, er war nicht begabt darin. Er drückte die Auflegetaste.

Sekunden später läutete es wieder. „Ralf?", fragte ein Mann.

35 „Nein."

„Was?"

„Diese Nummer ist … Sie wurde aus Versehen … Sie haben sich verwählt."

„Das ist Ralfs Nummer!"

Ebling legte auf und steckte das Telefon in die Jackentasche. Die S-Bahn
40 war wieder überfüllt, auch heute musste er stehen. […] Es gab viel, das Ebling in
seinem Leben nicht mochte. Es störte ihn, dass seine Frau so geistesabwesend
war, dass sie so dumme Bücher las und dass sie so erbärmlich schlecht kochte.
[…] Besonders aber störten ihn die Bahnfahrten zu Stoßzeiten. Immer so eng,
immer voll, und gut gerochen hatte es noch nie.
45   Seine Arbeit aber mochte er. Er und Dutzende Kollegen saßen unter sehr
hellen Lampen und untersuchten defekte Computer, die von Händlern aus dem
ganzen Land eingeschickt wurden. Er wusste, wie fragil die kleinen denkenden
Scheibchen waren, wie kompliziert und rätselhaft. Niemand durchschaute sie
ganz; niemand konnte wirklich sagen, warum sie mit einem Mal ausfielen oder
50 sonderbare Dinge taten. Man suchte schon lange nicht mehr nach Ursachen, man
tauschte einfach so lange Teile aus, bis das ganze Gebilde wieder funktionierte.
[…]
    Als er aus der Bahn stieg, läutete das Telefon. Es war Elke, die ihm sagte, er
solle noch Gurken kaufen, heute Abend auf dem Heimweg. Im Supermarkt in
55 ihrer Straße gebe es die jetzt besonders billig.
    Ebling versprach es und verabschiedete sich schnell. Das Telefon läutete
wieder, und eine Frau fragte ihn, ob er sich das gut überlegt habe, auf so eine wie
sie verzichte man nur, wenn man ein Idiot sei. Oder sehe er das anders?
    Nein, sagte er, ohne nachzudenken, er sehe das genauso.
60   „Ralf!" Sie lachte.
    Eblings Herz klopfte, sein Hals war trocken. Er legte auf.
    Den ganzen Weg bis zur Firma war er verwirrt und nervös. Offensichtlich
hatte der ursprüngliche Besitzer der Nummer eine ähnliche Stimme wie er. Wieder rief er beim Kundendienst an.
65   Nein, sagte eine Frau, man könne ihm nicht einfach eine andere Nummer
geben, es sei denn, er bezahle dafür.
    „Aber diese Nummer gehört jemand anderem!"
    Unmöglich, antwortete sie. Da gebe es –
    „Sicherungen, ich weiß! Aber ich bekomme ständig Anrufe für … Wissen
70 Sie, ich bin Techniker. Ich weiß, wie man –"
    Sie könne gar nichts tun, sagte sie. Sie werde sein Anliegen weiterleiten.
    „Und dann? Was passiert dann?"
    Dann, sagte sie, werde man weitersehen. Aber dafür sei sie nicht zuständig.
    An diesem Vormittag konnte er sich nicht auf die Arbeit konzentrieren. Sei-
75 ne Hände waren zittrig, und in der Mittagspause hatte er keinen Hunger, obwohl
es Wiener Schnitzel gab. Die Kantine hatte nicht oft Wiener Schnitzel, und
normalerweise freute er sich schon am Tag vorher darauf. Diesmal jedoch stellte
er sein Tablett mit dem halbvollen Teller in die Stellage zurück, ging in eine
stille Ecke des Esssaals und schaltete sein Telefon ein.

Drei Nachrichten. Seine Tochter, die vom Ballettunterricht abgeholt werden wollte. Das überraschte ihn, er hatte gar nicht gewusst, dass sie tanzte. Ein Mann, der um Rückruf bat. Nichts an seiner Nachricht verriet, wem sie galt: ihm oder dem anderen. Und dann eine Frau, die ihn fragte, warum er sich so rar mache. Ihre Stimme tief und schnurrend, hatte er noch nie gehört. Gerade als er
85 ausschalten wollte, läutete es wieder. Die Nummer auf dem Bildschirm begann mit einem Pluszeichen und einer zweiundzwanzig. Ebling wusste nicht, welches Land das war. Er kannte fast niemanden im Ausland, [...] Er hob ab.

„Sehen wir uns nächsten Monat?", rief ein Mann. „Du bist doch auf dem Locarno-Festival? Die werden das nicht ohne dich durchziehen, nicht unter die-
90 sen Umständen, Ralf, oder?"

„Bin wohl dort", sagte Ebling.

„Dieser Lohmann. War ja zu erwarten. Hast du mit den Leuten von Degetel[1] gesprochen?"

„Noch nicht."

95 „Wird aber Zeit! Locarno kann uns sehr helfen, wie Venedig[2] vor drei Jahren." [...]

Der Mann legte auf. Ebling lehnte sich an die Wand und rieb seine Stirn. Er brauchte einen Moment, bis er sich wieder zurechtfand: Dies war die Kantine, rings um ihn aßen die Kollegen Schnitzel. Gerade trug Rogler ein Tablett vorbei.
100 „Hallo, Ebling", sagte Rogler. „Alles klar?"

„Na sicher." Ebling schaltete das Telefon aus.

Den ganzen Nachmittag war er nicht bei der Sache. Die Frage, welcher Teil eines Computers defekt war und wie es zu den Fehlern hatte kommen können, die die Händler in ihren kryptischen Schadensmeldungen beschrieben – *Kunde*
105 *sagt, Resettaster betätigt wg. Abschalten kurz v. Displäy, aber zeigt Zerro an –*, interessierte ihn heute einfach nicht. So fühlte es sich also an, wenn man etwas hatte, auf das man sich freute. [...]

Aus: Daniel Kehlmann: Ruhm. Ein Roman in neun Geschichten. Rowohlt: Reinbek bei Hamburg 2009, S. 7 ff.

1 Unternehmen für Telekommunikation
2 In Locarno und Venedig finden Filmfestivals statt.

201 Notieren Sie,
   a)   welchen Beruf Ebling ausübt.
   b)   welche Tätigkeit Ebling an seinem Arbeitsplatz ausführt.

   a) _____   1

   b) _____   1

202 Notieren Sie, weshalb Ebling sich lange wehrte, ein Mobiltelefon zu
    kaufen.   1

    _____

203 Notieren Sie, aus welchem Grund Ebling ein Mobiltelefon erwirbt.   1

    _____

    _____

    _____

204 Ebling erhält zahlreiche Anrufe auf seinem Mobilfunktelefon.
    Notieren Sie, wer tatsächlich Ebling und nicht Ralf sprechen will
    und in welcher Angelegenheit.   1

Gesprächspartner:		
Angelegenheit:		

205 Ebling telefoniert mit einer Kundenberaterin. (Z. 63–73)
    Notieren Sie, mit welchem <u>Anliegen</u> Ebling sich an den Kunden-
    dienst wendet.   1

    _____

    _____

    _____

206 Der Leser erhält im vorliegenden Textausschnitt folgende Informationen zu den Figuren Ebling und Ralf. Kreuzen Sie an, auf wen sich die Aussagen beziehen.   3

	Ebling	Ralf
a) Er ist verheiratet.	☐	☐
b) Er war vor drei Jahren in Venedig.	☐	☐
c) Er ist ein angepasster Mensch.	☐	☐
d) Er wird auf einem Festival erwartet.	☐	☐
e) Er fährt mit der S-Bahn zur Arbeit.	☐	☐
f) Er mag seine Arbeit.	☐	☐
g) Er ist ein gefragter Mann.	☐	☐
h) Er isst gerne Schnitzel.	☐	☐

207 Im Text wird deutlich, dass Ebling nicht viel über seine Tochter weiß. Notieren Sie die Textstelle, die dies belegt.   1

_____

208 Ebling beantwortet einen Anruf wie folgt: „Diese Nummer ist … Sie wurde aus Versehen … Sie haben sich verwählt." (Z. 37)
Notieren Sie, welche möglichen Rückschlüsse dieses kommunikative Verhalten auf Eblings Charakter zulässt.   2

_____

_____

209 Das letzte Telefongespräch im Textauszug ist für die Hauptfigur von entscheidender Bedeutung (Z. 88–96). In diesem Gespräch wird deutlich, dass Ebling …   3

	richtig	falsch
a) Ralf kennen gelernt hat.	☐	☐
b) den Anrufer nicht über die Verwechslung aufklärt.	☐	☐
c) seine Haltung zu den Anrufen verändert hat.	☐	☐
d) sich auf seinen Aufenthalt in Venedig freut.	☐	☐
e) als Ralf reagiert.	☐	☐

210 Nach dem ersten Satz wird in Form einer Rückblende erzählt
(Z. 1–8). Welche Funktion erfüllt dieses erzählerische Mittel? 1

_____

_____

_____

211 Im Text heißt es: „So fühlte es sich also an, wenn man etwas hatte,
auf das man sich freute." (Z. 106 f.) Schlussfolgern Sie, zu welcher
Einschätzung seines vorherigen Lebens Ebling hier gelangt. 2

_____

_____

_____

212 Erläutern Sie den Titel „Stimmen" bezogen auf die Veränderung in
der Figur des Ebling. 2

_____

_____

_____

_____

Lesekompetenz gesamt   20

Sprachwissen und Sprachbewusstsein – Aufgaben zu Text 2   Punkte

251 Erklären Sie den Bedeutungsunterschied, der sich aus der Verwendung unterschiedlicher Zeitformen ergibt. 1
a)   Als er aus der Bahn <u>stieg</u>, <u>läutete</u> das Telefon.
b)   Als er aus der Bahn <u>gestiegen war</u>, <u>läutete</u> das Telefon.

a)   _____

b)   _____

252 Im Text heißt es: „Jahrelang hatte er sich geweigert, eines zu kaufen,
denn er war Techniker und vertraute der Sache nicht."
Entscheiden Sie, welches der folgenden Satzgefüge der Aussage des
Ausgangssatzes entspricht. 1

a) Obwohl er Techniker war und der Sache nicht ver- traute, hatte er sich eines gekauft.	☐
b) Falls er Techniker gewesen wäre und der Sache nicht vertraut hätte, würde er sich jahrelang geweigert haben, eines zu kaufen.	☐
c) Nachdem er Techniker geworden war und der Sache nicht vertraute, weigerte er sich jahrelang, eines zu kaufen.	☐
d) Da er Techniker war und der Sache nicht vertraute, hatte er sich jahrelang geweigert, eines zu kaufen.	☐

253 Welche der folgenden Satzbaupläne entsprechen den folgenden Sätzen? Ordnen Sie jedem Satz die richtige Nummer zu.

1) HS, NS, NS
2) HS, HS, NS
3) NS, NS, HS
4) HS, NS, HS
5) HS, HS, HS

	Nummer	
a) Es war Elke, die ihm sagte, er solle noch Gurken kaufen heute Abend auf dem Heimweg.		1
b) Das überraschte ihn, er hatte gar nicht gewusst, dass sie tanzte.		1
c) So fühlte es sich also an, wenn man etwas hatte, auf das man sich freute.		1

254 Ebling wird von einer Frau gefragt, warum er sich so rar mache.
(Z. 83 f.) Erklären Sie, was mit dieser Frage gemeint ist.   1

_____

255 In den Zeilen 88–96 wird ein Telefongespräch wiedergegeben. Es
enthält typische sprachliche Mittel mündlicher Kommunikation.
Notieren Sie ein solches Mittel.   1

_____

256 Ersetzen Sie das Wort „aktivieren" (Z. 7) durch ein Synonym, das hier passt. 1

257 In Zeile 7 heißt es: „Wider Willen war er beeindruckt."
Notieren Sie den Bedeutungsunterschied zwischen „wider Willen" und „Widerwillen". 2

a) wider Willen	
b) Widerwillen	

258 Ebling bewertet die folgende Schadensmeldung als „kryptisch", d. h. unklar: „*Kunde sagt, Resettaster betätigt wg. Abschalten kurz v. Displäy, aber zeigt Zerro an*".
Erläutern Sie anhand der sprachlichen Gestaltung, wodurch dieser Eindruck entsteht. 1

Sprachwissen und Sprachbewusstsein gesamt 11

Die wichtigsten Sorten

Die **Robusta-Bohne** hat einen Anteil von 30 Prozent an der Weltproduktion. Sie schmeckt kräftig, ist rundlich und hat einen fast geraden Einschnitt.

Arabica-Bohnen machen 60 Prozent des Weltmarkts aus. Sie enthalten nur halb so viel Koffein wie Robusta, ihr Einschnitt ist gewunden.

Mit oder ohne Koffein?

Kaffee wird als Wachmacher geschätzt – nur ein Zwölftel der Deutschen trinkt ihn koffeinfrei.

♥ ⎍⎍⎍⎍⎍⎍ 8 %
– bevorzugen **entkoffeinierten** Kaffee

⎍⎍⎍⎍⎍⎍ 92 %
– bevorzugen **koffeinhaltigen** Kaffee

Das liebste Getränk der Deutschen

Durchschnittlich trinkt der Bundesbürger 150 Liter Kaffee jährlich, das sind zweieinhalb Tassen pro Tag.

- 150 — Kaffee
- 131 — Mineralwasser
- 109 — Bier

Etwa **40 %** der täglichen Kaffeedosis werden außer Haus konsumiert, das sind rund 60 Liter pro Person im Jahr.

Der Kaffee, den wir uns zu Hause aufbrühen, ist billig wie nie. Gleichzeitig zahlen wir Mondpreise für den „Coffee to go". Und international klettert der Kaffeekurs in immer neue Höhen. Wissenswertes zum Lieblingsgetränk der Deutschen.

Schwarz & stark

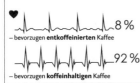

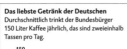

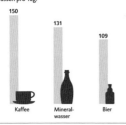

Fairtrade holt auf

Schon ein Prozent des deutschen Kaffees trägt das Fairtrade-Siegel. Die Bauern bekommen dabei einen Mindestpreis von 1,25 Dollar pro Pfund.

- 436 — 2005
- 573 — 2006
- 877 — 2007
- 1446 — 2008
- 2156 — 2009

Angaben in t

So entsteht der Kaffeepreis

Nur etwa 14 Prozent kommen im Erntland an.

3,70 € pro 500 g

- ■ Steuern, Zölle, Frachtkosten (44,9 %)
- ■ Einzelhandel (23,7 %)
- ■ Händler und Röster (17,8 %)
- ▨ Plantagenbesitzer (8,5 %)
- ☐ Löhne der Arbeiter (5,1 %)

Fieberkurve an der Börse

Im letzten halben Jahr hat sich der Preis für Kaffee auf dem Weltmarkt fast verdoppelt.

Angaben in $ / kg

- 2,60
- 2,20
- 1,80
- 1,40
- 1,00

1.7.07   1.7.08   1.7.09   1.7.10   1.1.11

Dort kommt unser Kaffee her

Die meisten Importe stammen aus Brasilien, der Anteil asiatischer Länder wächst aber jährlich.

1. Brasilien — 34,3
2. Vietnam — 16,9
3. Indonesien — 8,0
4. Peru — 7,0
5. Honduras — 6,3
6. Äthiopien — 4,3
7. Uganda — 3,7
8. Kolumbien — 3,2

Angaben in Prozent

Aus: DIE ZEIT, 27. 01. 2011, S. 37

Illustration: Anne Gerdes; Recherche: Alexandra Aschbacher; Quellen: Deutscher Kaffeeverband, European Coffee Federation, statista.com, International Coffee Organisation, TransFair, Außerhausmarkt, Kaffeezentrale

Der teuerste Kaffee der Welt

ist Kopi Luwak aus Indonesien. Die von einer Schleichkatzenart ausgeschiedenen, dann gerösteten Bohnen kosten rund 120 Euro pro kg.

301 Kreuzen Sie an, welche der folgenden Aussagen <u>nicht</u> mit einer Grafik belegt wird.

1

a) Acht Prozent der Deutschen bevorzugen koffeinfreien Kaffee.	☐
b) Jeder Deutsche verbraucht im Jahr 7,5 Kilogramm Kaffee.	☐
c) International klettert der Kaffeepreis immer weiter nach oben.	☐
d) Die Deutschen trinken lieber Kaffee als Bier.	☐

302 In der Grafik „Die wichtigsten Sorten" werden zwei Symbole verwendet. Begründen Sie, warum die beiden Symbole nicht gegeneinander austauschbar sind.

1

_____

_____

303 Wie viel Prozent des täglichen Kaffeekonsums werden nicht zu Hause getrunken?

1

a) 6,4 Prozent	☐
b) 31 Prozent	☐
c) 40 Prozent	☐
d) 60 Prozent	☐

304 Kreuzen Sie an, welche der folgenden Aussagen zum Handel mit Kaffee in Bezug auf die Grafiken richtig oder falsch sind.

2

	richtig	falsch
a) Der überwiegende Teil des Erlöses aus dem Verkauf des Kaffees gelangt an die Kaffeearbeiter.	☐	☐
b) Der prozentuale Anteil des Einzelhandels am Kaffeepreis ist höher als bei den Röstern.	☐	☐

	richtig	falsch
c) Ab Juli des Jahres 2010 stieg der an der Börse gehandelte Preis für Kaffee am stärksten an.	☐	☐
d) Der teuerste Kaffee der Welt kommt aus Peru.	☐	☐
e) In Afrika befinden sich die meisten Kaffee produzierenden Länder.	☐	☐

305 In der Grafik „Fairtrade holt auf" wird der Begriff „Fairtrade" verwendet, der übersetzt *gerechter Handel* bedeutet.
Notieren Sie,
a) wie sich der Verkauf des „fair" gehandelten Kaffees entwickelt.
b) was an dieser Handelsform „fair" ist.

a) _____ 1

b) _____ 1

306 In der Grafik „Das liebste Getränk der Deutschen" fehlen die Achsen und deren Bezeichnungen.
Ergänzen Sie die hier noch fehlende Bezeichnung für die y-Achse. 1

```
┌─────────────────────┐
│ y-Achse:            │     y-Achse
│                     │
└─────────────────────┘       ▲
                              │
                              │
                              │
                              └──────────────►
                          x-Achse      ┌──────────────────────┐
                                        │ x-Achse:             │
                                        │ Getränkeart / Getränk │
                                        └──────────────────────┘
```

307 Welche Grafik trifft direkt Aussagen zur Preisentwicklung des Kaffees? Notieren Sie den Titel. 1

_____

308 In der Grafik „Das liebste Getränk der Deutschen" wird der Kaffeekonsum dargestellt. Notieren Sie, warum die Aussage falsch ist, dass jeder Bundesbürger täglich zweieinhalb Tassen Kaffee trinkt. 1

_____

_____

Lesekompetenz gesamt 10

4   Schreibkompetenz – Überarbeiten eines Textes

Eine Freundin von Ihnen möchte für eine Onlinebuchhandlung eine Rezension des Buches „Ruhm" von Daniel Kehlmann schreiben. Sie bittet Sie, sich den Text anzuschauen und eventuell zu korrigieren.
Korrigieren Sie nur den jeweiligen Rechtschreib-, Zeichensetzungs-, Grammatik- oder Ausdrucksfehler.

Punkte

481	„Ruhm" heißt der neue Roman des Schriftsteller Daniel Kehlmann.	G (Kasus):	1
482	Sein Werk stellt interressante Charaktere dar.	R:	1
483	Die abwechslungsreiche Sprache macht das Lesen nie anstrengend und ist leicht zu kapieren.	A:	1
484	Was die neun Geschichten zu einen Roman macht, ist die Verknüpfung der einzelnen Handlungsstränge.	G (Kasus):	1
485	Die Tücken der neuen Medien zieht sich dabei wie ein roter Faden durch das Buch.	G (Numerus):	1
486	Da ist z. B. ein Techniker, der ein neues Handy bekommt dessen Nummer bereits vergeben ist.	Z: *Korrigieren Sie im Text.*	1
487	Das Buch hat mich in jeder Aussicht überrascht.	G (Lexik):	1
488	Eigentlich wollte ich es nur kurz an-lesen, sondern ich konnte es einfach nicht mehr aus der Hand legen.	G (Konjunktion):	1

| 489 | Man spürt den Spaß, den Kehlmann beim schreiben gehabt haben muss. | R: | 1 |
| 490 | Abschließend möchte ich sagen dass Daniel Kehlmann ein lesenswertes Buch verfasst hat.

Mit freundlichen Grüßen
Frauke Lehmann | Z:
Korrigieren Sie im Text. | 1 |

Schreibkompetenz gesamt 10

Werden Tattoos und Piercings heute allgemein akzeptiert?

Ein Schüler Ihrer Schule hat nach dem Vorstellungsgespräch für einen Ausbildungsplatz eine Ablehnung wegen seiner auffälligen Piercings erhalten. Daraufhin entbrennt eine heftige Diskussion an Ihrer Schule.

Dies nehmen Sie zum Anlass, um in einem Artikel für die Schülerzeitung die Problematik von Tattoos und Piercings zu erörtern.
– Lesen Sie zunächst folgende Meinungsäußerungen, die teilweise umgangssprachlich sind.

Meinungsäußerungen:

Ich kenne viele, die sich durch ihre Piercings schon ganz schön verletzt haben.

Jeder hat das Recht, sich so zu zeigen, wie er es will.

Tattoos und Piercings sind Kunstwerke am Körper.

Meine Mutter darf auch keine Ohrringe und Ringe auf der Arbeit tragen, weil das unhygienisch ist.

Viele ältere Kunden finden Piercings und Tattoos abstoßend.

Mit Piercings und Tattoos stellt einen keiner ein, weil man unseriös wirkt.

Tattoos und Piercings kommen cool rüber und zeigen, dass du selbstbewusst bist.

Träger von Piercings, vor allem aber Tattoos, gibt es heute in jeder Gesellschaftsschicht.

Aufgabe:

Erstellen Sie einen Schreibplan, indem Sie das folgende Gliederungsraster ausfüllen.

a) Leiten Sie aus den vorgegebenen Meinungsäußerungen jeweils zwei Pro- und zwei Kontra-Argumente ab und formulieren Sie diese **in der Standardsprache.**
Achtung: Die Meinungsäußerungen dürfen nicht wörtlich übernommen werden.

b) Stützen Sie die Argumente mit jeweils einem Beleg bzw. Beispiel. Sie müssen dabei auch auf Ihr Alltagswissen und eigene Erfahrungen zurückgreifen.

c) Ergänzen Sie stichwortartig Ihre Überlegungen für Einleitung und Schluss des Artikels, wobei der Schluss Ihre persönliche Meinung widerspiegeln soll.

Gliederungsraster:

	1. Einleitung	
581	Schreibanlass / Hinführung zum Thema	3
	2. Hauptteil	
	These	Piercings und Tattoos werden heute allgemein akzeptiert.
582	1. Argument	• 1
583	Beleg/Beispiel	• 1

584	2. Argument	•	1
585	Beleg/Beispiel	•	1
	Gegenthese	Tattoos und Piercings sind nicht in allen Lebensbereichen erwünscht.	
586	1. Argument	•	1
587	Beleg/Beispiel	•	1
588	2. Argument	•	1
589	Beleg/Beispiel	•	1
	3. Schluss		
590	Fazit / eigene Positionierung / Ausblick		4

Schreibkompetenz gesamt   15

6 Schreibkompetenz – Umsetzung des Schreibplans: Verfassen eines Artikels für die Schülerzeitung

Aufgabe:
Verfassen Sie nun den Artikel für die Schülerzeitung auf der Basis Ihres Schreibplans.

Werden Tattoos und Piercings heute allgemein akzeptiert?

681 Einhalten der Gliederung   2

682 Schreibfunktion   3

683 Originalität/Einfallsreichtum   2

684 Sprachliche Darstellungsleistung   4

685 Sprachliche Korrektheit (Grammatik)   4

686 Schreibregeln (Rechtschreibung)   2

687 Schreibregeln (Zeichensetzung)   2

688 Leserfreundliche Form (Übersichtlichkeit/Schriftbild)   1

Schreibkompetenz gesamt   20

1 Den Stecker gezogen *(Jennifer Hertlein)*

Lesekompetenz – Aufgaben zu Text 1 „Den Stecker gezogen"

101 Jennifer Hertlein

Hinweis: Du findest den Namen der Autorin unterhalb der Überschrift.

102

	Christoph Koch	Alex Rühle
a) Alter	36	40
b) Beruf	Journalist	Journalist
c) Titel seines Buches	Ich bin dann mal offline	Ohne Netz

Hinweis: Du findest die richtigen Antworten zu a) in Z. 9 und Z. 31, zu b) z. B. im fett gedruckten Einleitungssatz oder in Z. 6 f. und zu c) in Z. 15 und in Z. 32 f.

103 a) Einen „Selbstversuch" nennt man ein Experiment, das man an sich selbst ausprobiert. Man selbst ist die Versuchsperson.
b) Das Leben ohne Internet und Handy.

Hinweis: a) Wenn dir der Begriff nicht aus deinem Alltags- und Allgemeinwissen bekannt ist, kannst du versuchen, die Bedeutung aus dem Textzusammenhang abzuleiten (vgl. Z. 4–7; Z. 32–34). b) Du findest die richtigen Antworten in Z. 17 f. und Z. 33 f.

104

Alex Rühle	ein halbes Jahr
Christoph Koch	mindestens einen Monat lang

Hinweis: Du findest die richtigen Antworten in Z. 33 und in Z. 17 f.

105 Christoph Koch fühlte sich in seiner neuen Wohnung unwohl, weil er hier erstens keinen Internetzugang hatte und damit zweitens ständig das Gefühl hatte, etwas zu verpassen.

Hinweis: Es wird dir bereits in der Aufgabenstellung mitgeteilt, dass du die richtige Antwort in Z. 9–11 findest. Es reicht, wenn du eine von beiden Antwortmöglichkeiten nennst.

106 Der Anlass für Christoph Kochs Selbstversuch war der Vorwurf seiner Freundin, dass er mit ihrer längeren Abwesenheit besser zurechtkäme als mit dem mehrtägigen Verzicht auf das Internet.
Hinweis: Du findest die richtige Antwort in Z. 13–17. Es genügt nicht, wenn du die wörtliche Rede in Z. 13 f. zitierst.

107 • E-Mails versenden und empfangen
   • Pflege von Freundschaften
   • Informationen googeln
   Hinweis: Es wird dir bereits in der Aufgabenstellung mitgeteilt, dass du die richtige Antwort in Z. 20–29 findest. Richtige Antwortmöglichkeiten wären auch: Eingang von Arbeitsaufträgen per Mail; Kontaktdaten speichern und abrufen.

108 Koch spürte „Phantomvibrationen" seines Handys in der Hosentasche. *oder:* Er bekam Kopfschmerzen.
   Hinweis: Du findest die richtige Antwort in Z. 26 f. oder Z. 29.

109 • Sie mussten nicht mehr unzählige E-Mails am Tag beantworten.
   • Sie haben es genossen, auch einmal nicht erreichbar zu sein.
   Hinweis: Du findest die richtigen Antworten in Z. 50 f.

110 Das Personalpronomen „wir" verweist auf alle Menschen, die einen Internetanschluss haben.
   Hinweis: Lies noch einmal den Absatz im Anschluss an Z. 1. Die Autorin nennt mehrere Male das Personalpronomen „wir": Sie beschreibt unser Leben mit Internet und Handy. In Z. 6 nennt sie den Begriff „Gesellschaft", was sich auf die Menschen im Allgemeinen bezieht. Mit dem Personalpronomen „wir" meint sie uns in dieser Gesellschaft. Sie meint damit nicht nur sich selbst und die beiden Journalisten Christoph Koch und Alex Rühle.

111 Der Untertitel „Gute Nacht, du schöne Welt" bezieht sich darauf, dass sich jemand aus eigenem Willen von den Bequemlichkeiten verabschiedet, die uns Internet und Handy in unserer Welt bieten: E-Mails schreiben, über Facebook mit Freunden kommunizieren, sich schnell und ohne Umstände Informationen besorgen. Wenn man auf das Internet verzichtet (ihm „Gute Nacht" sagt), nimmt man z. B. in Kauf, sich wieder zuverlässig verabreden zu müssen, da man den Freund nicht einfach von unterwegs anrufen kann. Man muss sich auch wieder mehr Informationen merken bzw. in der Biblio-

thek in Büchern nachschlagen. Das ist viel umständlicher, und deshalb fällt uns ein Abschied von Internet und Handy auch sehr schwer.

Hinweis: Lies noch einmal die Überschrift mit dem Untertitel zusammen: „Den Stecker gezogen – Gute Nacht, du schöne Welt". Stelle dir vor, was passiert, wenn man einen oder besser gleich alle Stecker in der Wohnung zieht. Das Licht geht aus, und die elektrischen Geräte arbeiten nicht mehr. Man ist auf seine Arbeitskraft und seine eigenen Fähigkeiten angewiesen. Alles das, was das Leben für uns bequem und damit schön macht, wäre nicht da. Suche nun Stellen im Text, die diesen Zusammenhang deutlich machen.

112

		richtig	falsch
a)	Das Internet spielt eine große Rolle bei der Pflege von Freundschaften.	☒	☐
b)	Beide Versuchspersonen gewöhnten sich für die Dauer des Versuchs nicht an ein Leben ohne Internet.	☐	☒
c)	Der Selbstversuch erforderte eine völlig neue Arbeitsweise im Beruf.	☒	☐
d)	Der Selbstversuch führte zur Erkenntnis, dass das Internet eigentlich überflüssig ist.	☐	☒
e)	Die Ergebnisse der Selbstversuche wurden ausschließlich im Internet veröffentlicht.	☐	☒

Hinweis: Du findest die richtigen Antworten im Text: a) Z. 21 f., b) Z. 48 f.: „gar nicht so schlimm", c) Z. 39–41: „ [...] musste er neu recherchieren lernen [...] und ständig nach Telefonzellen, Briefkästen und Faxgeräten Ausschau halten", d) Z. 57 f.: „Das Internet [...] ist der Fortschritt und wir brauchen es in unserem Alltag.", e) Beide Journalisten haben ein Buch über ihren Selbstversuch veröffentlicht (vgl. Z. 15 und Z. 32 f.).

113

		richtig	falsch
a)	Das Internet ist eine zukunftsweisende Erfindung.	☒	☐
b)	Das Internet ist alles andere als nützlich.	☐	☒
c)	Man muss sein eigenes Internetverhalten überprüfen.	☒	☐
d)	Das Internet verführt zu häufigem Gebrauch.	☒	☐

Hinweis: Du findest die richtigen Antworten im Text: a) Z. 58: „es ist der Fortschritt" bedeutet zukunftsweisend, b) Es gibt viele Hinweise im Text, die deutlich machen, dass das Internet nützlich und hilfreich ist (z. B. Z. 20– 22). c) Z. 58–60: „[...] sicher würde es jedem von uns guttun, das eigene Nutzungsverhalten mal genauer unter die Lupe zu nehmen", d) Z. 60 f.: „[...] logge [ich] mich viermal in deren Rechner ein"

Sprachwissen und Sprachbewusstsein – Aufgaben zu Text 1

151 Sie verändert die Betonung der Satzglieder und lenkt den Fokus stärker auf „ohne", also auf das Fehlen des Internets.

Hinweis: Schreibe den Nebensatz in beiden möglichen Varianten auf (wie in Z. 49 und in der üblichen Satzgliedstellung) und lies dir beide durch:

Z. 49:   dass es gar nicht so schlimm ist ohne Internet
übliche Satzgliedstellung: dass es ohne Internet gar nicht so schlimm ist

Die Betonung innerhalb des Nebensatzes liegt eher auf den letzten Satzgliedern. Durch die Gestaltung wie in Z. 49 liegt die Betonung auf „ohne", in der üblichen Satzgliedstellung auf „schlimm". Die Aussage des Satzes wird stärker hervorgehoben, wenn die unübliche Stellung der Satzglieder verwendet wird.

152 Koch stritt ab [...]
oder: Koch bestritt [...]
oder: Koch verneinte [...]
oder: Koch widersprach [...]

Hinweis: Ein Synonym ist ein Wort mit der gleichen oder einer sehr ähnlichen Bedeutung. Überlege also, welches Wort ebenso „leugnen" bedeutet. Verwende es im Präteritum.

153 Damit ist gemeint, dass man nachdenkt und eigenes Wissen abruft.

Hinweis: „Googeln" bedeutet ursprünglich, dass man mit der Suchmaschine Google im Internet nach Informationen sucht. Das Wort „googeln" kann mittlerweile aber auch ganz allgemein „nach Informationen suchen" bedeuten. Mit der Metapher „im eigenen Gehirn googeln" ist deshalb gemeint, dass man in seinem Kopf nach Informationen sucht, also nachdenkt.

154 „Nächsten" ist hier ein Attribut zum Substantiv „Eintrag", das nicht noch einmal genannt wird, um den Satz zu verkürzen.

Hinweis: Der Satz würde vollständig lauten: „Und ehe man es sich versieht, klickt man von einem Eintrag zum nächsten Eintrag." Hier erkennst du, dass „nächsten" ein Attribut (nähere Bestimmung) zu „Eintrag" ist. Um die Wortwiederholung zu vermeiden, wird der Satz verkürzt, das letzte Wort „Eintrag" entfällt, aber „nächster" wird nach wie vor kleingeschrieben.

155 a) eine Metapher
   b) „[...] die Schwierigkeit, konzentriert über lange Strecken an ein und derselben Sache zu arbeiten" (Z. 43 f.). Ein Zerstäuber teilt einen Tropfen Flüssigkeit in sehr viele, sehr feine Tröpfchen. Hier ist damit gemeint, dass die Aufmerksamkeit bei der Arbeit durch das Internet von einem Thema auf viele Themen verteilt („zerstäubt") wird. Da man im Internet schnell von einem Link zum nächsten springen kann, konzentriert man sich nicht mehr auf nur einen Bereich.

Hinweis: a) Es handelt sich hier nicht wirklich um einen Zerstäuber, sondern die Bedeutung dieses Begriffs wird aus seinem konkreten, sachlichen auf einen eher abstrakten Bildbereich (die Aufmerksamkeit) übertragen. So wird bildhaft dargestellt, dass die Konzentration „verteilt" wird. Da es den Begriff „Aufmerksamkeitszerstäubung" eigentlich nicht gibt, wäre als Antwort auch „Neologismus (Wortneuschöpfung)" richtig.
b) Verwende dein Alltagswissen. Überlege, was ein Zerstäuber ist und welche Aufgabe er erfüllt. Beziehe auch die gesamte Textstelle in deine Überlegungen mit ein, denn sie verdeutlicht den Begriff.

156

	Fremdwort
Klapprechner	Laptop (Z. 2)
Berichterstatter	Journalist(en) (Einleitungssatz)
ununterbrochen	nonstop (Z. 3)
sich unterhalten	kommunizieren (Z. 3)

Hinweis: Lies dir die angegebenen Zeilen genau durch und verwende zum Lösen der Aufgabe auch dein Alltagswissen.

157 Die Redewendung „etwas genauer unter die Lupe nehmen" bedeutet, etwas genau zu betrachten und zu untersuchen. Unter einer Lupe wird alles vergrößert und damit detaillierter dargestellt.

Hinweis: Gehe auf die wörtliche Bedeutung der Redewendung zurück: Was ist eine Lupe, und was passiert, wenn man etwas unter eine Lupe legt?

Doch <u>nachdem</u> sie die ersten Tage und Wochen überstanden hatten, ... (Z. 48)	Konjunktion
<u>Nach dem</u> Ende des Versuches fielen sowohl Koch wie auch Rühle ... (Z. 52)	Präposition und bestimmter Artikel

Hinweis: Obwohl das Wort „nachdem" an zweiter Stelle des Nebensatzes steht, handelt es sich hier um eine Konjunktion. Sie stellt eine Verbindung zwischen den beiden Teilsätzen her und macht die zeitliche Reihenfolge der Ereignisse deutlich. b) „nach" – temporale Präposition mit Dativ, „dem" – bestimmter Artikel im Dativ.

159

	Nummer
a) Alex Rühle (40), einem Journalisten, ging es genauso.	(3) Apposition
b) Das schrieb er an dem Abend, an dem er den Stecker zog.	(4) Satzgefüge
c) Er hatte das Gefühl, andauernd etwas zu verpassen.	(2) Infinitivgruppe, die sich auf ein Substantiv bezieht

Hinweis: a) Eine Apposition ist ein Zusatz, der das vorhergehende Nomen (in diesem Fall: Alex Rühle) näher erklärt. Sie wird nach dem Nomen eingeschoben und mit Kommas vom restlichen Satz abgetrennt. b) Bestimme die finiten Verben und ihre Positionen in den Teilsätzen: „Das <u>schrieb</u> er an dem Abend, an dem er den Stecker <u>zog</u>." Du erkennst das Satzgefüge daran, dass das finite Verb „schrieb" auf der Position des zweiten Satzgliedes (= Hauptsatz) und „zog" auf der Position des letzten Satzgliedes (= Nebensatz) steht. c) Im zweiten Teilsatz gibt es kein finites Verb, sondern es handelt sich bei „zu verpassen" um einen Infinitiv mit „zu". Die Infinitivgruppe „andauernd etwas zu verpassen" bezieht sich auf das Substantiv „Gefühl".

Lesekompetenz – Aufgaben zu Text 2 „Stimmen"

201 a) Ebling ist von Beruf Techniker.
   b) An seinem Arbeitsplatz untersucht er defekte Computer.
   ✐ *Hinweis: Du findest die richtigen Antworten in Z. 2 und Z. 45 f.*

202 Als Techniker vertraut er Mobiltelefonen nicht, da er ihre aggressive Strahlung fürchtet.
   ✐ *Hinweis: Du findest die richtige Antwort in Z. 2–4.*

203 Seine Familie und seine Kollegen haben sich darüber beklagt, dass er nicht
zu erreichen ist.
   ✐ *Hinweis: Du findest die richtige Antwort in Z. 4–6. Es reicht nicht, wenn
du nur schreibst, dass es Beschwerden gab, du solltest auch nennen, wer
sich beklagt hat.*

204

Gesprächspartner:	seine Ehefrau Elke	seine Tochter
Angelegenheit:	verbilligte Gurken kaufen	Abholen vom Ballett

   ✐ *Hinweis: Du findest die richtige Antwort in Z. 53–55 und Z. 80 f.*

205 Er möchte vom Kundendienst eine neue Telefonnummer, da seine doppelt
vergeben ist und er ständig Anrufe für jemand anderen bekommt.
   ✐ *Hinweis: Du weißt bereits aus der Aufgabenstellung, dass du die richtige
Antwort in den Zeilen 63–73 findest. In deiner Antwort sollte nicht nur
deutlich werden, dass Ebling eine neue Telefonnummer möchte, sondern
auch warum.*

206

	Ebling	Ralf
a) Er ist verheiratet.	☒	☐
b) Er war vor drei Jahren in Venedig.	☐	☒
c) Er ist ein angepasster Mensch.	☒	☐
d) Er wird auf einem Festival erwartet.	☐	☒
e) Er fährt mit der S-Bahn zur Arbeit.	☒	☐

	Ebling	Ralf
f) Er mag seine Arbeit.	☒	☐
g) Er ist ein gefragter Mann.	☐	☒
h) Er isst gerne Schnitzel.	☒	☐

Hinweis: a) Z. 4, b) Z. 95, c) Es wird zwar nicht direkt gesagt, dass Ebling angepasst ist, aber er hat eine Familie und eine regelmäßige Arbeit. Ralf dagegen scheint Beziehungen zu mehreren Frauen zu haben und viel herumzukommen. d) Z. 88 f., e) Z. 18 f., f) Z. 45, g) Das kannst du aus der hohen Anzahl von verschiedenen Anrufern für Ralf herleiten. h) Z. 75 f.

207 „Das überraschte ihn, er hatte gar nicht gewusst, dass sie tanzte."

Hinweis: Du findest die richtige Antwort in Z. 81.

208 Er hat Schwierigkeiten sich auszudrücken und ist gegenüber dem unbekannten Anrufer unsicher.

Hinweis: Lies die angegebene Textstelle genau. Ebling stottert und schafft es nicht, dem Fremden die Situation richtig zu erklären. Das verweist auf fehlende Wortgewandtheit und Sprechhemmungen.

209 In diesem Gespräch wird deutlich, dass Ebling ...

	richtig	falsch
a) Ralf kennen gelernt hat.	☐	☒
b) den Anrufer nicht über die Verwechslung aufklärt.	☒	☐
c) seine Haltung zu den Anrufen verändert hat.	☒	☐
d) sich auf seinen Aufenthalt in Venedig freut.	☐	☒
e) als Ralf reagiert.	☒	☐

Hinweis: a) Dafür gibt es keinen Hinweis im Text. b) Er antwortet, als ob er Ralf wäre: Z. 91, 94. c) Zuvor hatte er immer versucht zu erklären, dass er nicht Ralf ist, nun antwortet er, als ob er Ralf wäre. d) Es gibt keinen Hinweis darauf, dass Ebling nach Venedig fährt. e) Z. 91 und 94.

210 Durch die Rückblende erfährt der Leser mehr über Ebling und seine bisherige Ablehnung von Mobiltelefonen.

Hinweis: Lies dir die Textstelle genau durch. Es wird deutlich, dass Ebling gar kein Mobiltelefon haben wollte, sondern seine Mitmenschen ihn dazu überredet haben. Der Leser erfährt hier von seinem Misstrauen gegen-

über „der Sache" (Z. 2) und im weiteren Verlauf des Textes dann, dass ihm sein neues Telefon Probleme bereitet. Seine Skepsis war also berechtigt. Durch die Rückblende wird dem Leser der Konflikt erst bewusst, sein Interesse wird geweckt und es entsteht Spannung.

211 Ebling erkennt, dass in seinem bisherigen Leben zu wenig passiert ist und er sich langweilt.

✎ Hinweis: Lies dir den Text noch einmal durch, beginne bei Z. 88. Du weißt bisher über Ebling, dass er als Techniker Computer repariert, er keinen Kontakt mit Kunden hat, sich wenig für seine Familie interessiert und früh schlafen geht (als sein Telefon nach 22 Uhr läutet, liegt er bereits im Bett). Das klingt nicht sehr aufregend. Nun bekommt er ständig Telefonanrufe für Ralf, und Ebling erfährt, dass Freunde Ralf vermissen, Leute etwas von ihm wissen wollen, er bei Festivals in Locarno und Venedig zu tun hat und ihn verschiedene Frauen sprechen wollen. Das klingt sehr aufregend. Er freut sich nun darauf, dass Schwung und Spannung in sein Leben kommen. Gleichzeitig wird ihm deutlich, wie langweilig er bisher gelebt hat.

212 Der Titel der Geschichte „Stimmen" bezieht sich auf die unbekannten Anrufer, die mit Ebling reden und ihn für Ralf halten. Durch das Gespräch mit den Fremden verändert sich Ebling. Sie sprechen die Punkte an, die Ebling in seinem Leben stören, man könnte also sagen, dass sie gewissermaßen seine innere(n) Stimme(n) personifizieren.

✎ Hinweis: Aus deiner Antwort muss klar hervorgehen, dass die Veränderungen im Verhalten Eblings durch die Anrufe der Fremden ausgelöst werden. Überlege dir auch, wofür das Wort „Stimmen" in übertragener Bedeutung stehen kann. Was ist z. B. gemeint, wenn man „eine Stimme hört" oder mit dem Ausdruck „eine (innere) Stimme sagt mir"? Eine Stimme von außen, die zu der Hauptfigur spricht und bei ihr eine Veränderung bewirkt, ist ein häufiges literarisches Motiv (z. B. Stimme eines Geistes etc.). Sie steht oft als Personifikation für die „innere Stimme" der Figur und wird eingeführt, um ihre inneren Veränderungen besonders anschaulich zu machen.

Sprachwissen und Sprachbewusstsein – Aufgaben zu Text 2

251 a) Die beiden Handlungen finden gleichzeitig statt.
     b) Die Handlungen laufen zeitlich nacheinander ab.

Hinweis: a) Beide finite Verben stehen in der gleichen Zeitform: im Präteritum. Das verdeutlicht die Gleichzeitigkeit der beiden Handlungen. Stell dir die Szene im Film vor: Der Mann ist noch in der Tür der Bahn, während schon das Klingeln des Handys zu hören ist. b) Die Zeitform im ersten Teilsatz ist das Plusquamperfekt („gestiegen war"). Das finite Verb „läutete" steht hingegen im Präteritum. Durch die verschiedenen Zeitformen wird deutlich, dass ein Geschehen nach dem anderen abläuft: Das Aussteigen ist zum Zeitpunkt, zu dem das Telefon läutet, bereits abgeschlossen. Stell dir auch diese Szene im Film vor: Der Mann ist bereits auf der Straße, die Bahn steht oder fährt im Hintergrund los und nun klingelt sein Handy.

252 | d) Da er Techniker war und der Sache nicht vertraute, hatte er | ☒ |
     | sich jahrelang geweigert, eines zu kaufen. | |

Hinweis: Vergleiche die Satzgefüge jeweils mit dem vorgegebenen Aussagesatz und überprüfe, 1. ob die Fakten übereinstimmen (er ist Techniker, er vertraut der Sache nicht, er weigert sich jahrelang, ein Handy zu kaufen) und 2. ob die Zusammenhänge zwischen den Fakten übereinstimmen. Die Konjunktion „denn" gibt an, dass bestimmte Fakten (Techniker, kein Vertrauen) der Grund für Eblings Kaufverweigerung sind. a) Die Fakten stimmen nicht: Es wird nicht gesagt, dass er sich jahrelang weigerte, ein Handy zu kaufen, sondern dass er sich eines gekauft hat. b) Hier stimmen die Fakten, aber nicht die Zusammenhänge: Die Konjunktion „falls" und die Verwendung des Konjunktivs II verschieben die Aussage in den Bereich des Irrealen. Der vorgegebene Satz steht jedoch im Indikativ und drückt einen tatsächlichen, realen Sachverhalt aus. c) Auch hier stimmen die Fakten, aber nicht der Zusammenhang: Die Konjunktion „nachdem" ist temporal und gibt den kausalen Zusammenhang des Aussagesatzes nicht wieder. d) Die Fakten und der Zusammenhang stimmen: Die Konjunktion „da" ist wie „denn" kausal; sie gibt den Grund für Eblings Kaufverweigerung an.

253

		Nummer
a)	Es <u>war</u> Elke, die ihm <u>sagte</u>, er <u>solle</u> noch Gurken kaufen heute Abend auf dem Heimweg.	(4) HS, NS, HS
b)	Das <u>überraschte</u> ihn, er <u>hatte</u> gar nicht gewusst, **dass** sie <u>tanzte</u>.	(2) HS, HS, NS
c)	So <u>fühlte</u> es sich also an, **wenn** man etwas <u>hatte</u>, auf das man sich freute.	(1) HS, NS, NS

🖊 *Hinweis: Unterstreiche die finiten Verben, um zu erkennen, ob es sich um einen Haupt- oder Nebensatz handelt. Achte auf die Konjunktionen: „dass" leitet immer einen Nebensatz ein, ebenso „wenn".*

254 Sie möchte wissen, warum er sich so lange nicht bei ihr gemeldet habe.

🖊 *Hinweis: „Sich <u>rar</u> machen" bedeutet: selten da zu sein. Du findest das Wort in „<u>Rari</u>tät": eine kostbare Seltenheit. Schlage auch im Wörterbuch nach.*

255 unvollständige Sätze (*oder*: Ellipsen, einfacher Satzbau, Ausrufe, Umgangssprache u. Ä.)

🖊 *Hinweis: In der gesprochenen Sprache verwenden wir häufig Kurzsätze; wir „verschlucken" z. B. „ich" („Bin wohl dort", Z. 91) oder „das" („War ja zu erwarten.", Z. 92), verwenden Ausrufe („Wird aber Zeit!", Z. 95) und Umgangssprache („durchziehen", Z. 89). Wenn es dir schwerfällt, die Merkmale mündlicher Kommunikation zu erkennen, überlege dir, welche der Sätze in Z. 88–96 du in einem offiziellen Schreiben (z. B. einem offiziellen Brief) anders formulieren würdest.*

256 freischalten

🖊 *Hinweis: Lies den ganzen Satz von Zeile 5–7 und überlege dir dann, wie du den Vorgang, ein Handy aktivieren zu lassen, üblicherweise in deinem Alltag nennst.*

257

a)	wider Willen	bedeutet „gegen den Willen"
b)	Widerwillen	bedeutet „Abscheu, Abneigung"

🖊 *Hinweis: Überlege dir eigene Sätze, in denen die Formulierungen „wider Willen" und „Widerwillen" vorkommen, und versuche dann, sie durch andere Wörter zu ersetzen. Sieh auch im Wörterbuch nach.*

258 Die Schadensmeldung erscheint „kryptisch", da der Verfasser unklare Abkürzungen verwendet (z. B. „v."), Rechtschreibfehler macht (z. B. „Displäy")
und unvollständige Sätze schreibt.

*Hinweis: „Kryptisch" bedeutet „unklar, schwer zu deuten". Wird ein
Text als „kryptisch" bezeichnet, so muss er erst noch übersetzt/entschlüs-
selt werden. Der kryptische Eindruck entsteht hier dadurch, dass der Text
vom üblichen Sprachgebrauch und der korrekten Schreibweise abweicht.
Überlege dir, welche Textstellen du nicht verstehst, und schreibe die Schadensmeldung dann auf einem Schmierpapier so auf, dass sie verständlich
ist. Auf diese Weise wird dir schnell auffallen, welche Schreibregeln hier
verletzt wurden.*

3 Schwarz & stark

Lesekompetenz – Aufgaben zu den Texten „Schwarz & stark"

301
| b) Jeder Deutsche verbraucht im Jahr 7,5 Kilogramm Kaffee. | [X] |

*Hinweis: Die Aussage a) findest du in der Grafik „Mit oder ohne Kof-
fein?" (linke Seite, Mitte). Die Aussage c) findest du in der Grafik „Fieberkurve an der Börse" (rechte Seite, Mitte) sowie im Text in der Mitte, neben
dem Titel „Schwarz & stark". Die Aussage d) findest du in der Grafik „Das
liebste Getränk der Deutschen" (linke Seite, Mitte).*

302 Beide Symbole zeigen eine Kaffeebohne. Man kann sie jedoch nicht gegeneinander austauschen, da sie unterschiedliche Kaffeesorten symbolisieren:
Das obere Symbol mit dem geraden Strich in der Mitte steht für die Robusta-Bohne, die durch einen geraden Einschnitt gekennzeichnet ist. Das untere
Symbol mit dem gewellten Strich in der Mitte steht für die Arabica-Bohne,
deren Einschnitt gewunden ist.

*Hinweis: Lies den kurzen Text neben den Symbolen: Zwei verschiedene
Kaffeesorten werden vorgestellt, und es wird u. a. ihr unterschiedliches Aussehen beschrieben. Sieh dir die beiden Symbole an: Es sind vereinfachte
Zeichnungen der beiden beschriebenen Kaffeebohnen. Da die Zeichnungen
den optischen Unterschied zwischen den verschiedenen Kaffeebohnen ver-
anschaulichen sollen, sind sie nicht gegeneinander austauschbar.*

303
<table>
<tr><td>c)</td><td>40 Prozent</td><td>☒</td></tr>
</table>

*✔ **Hinweis:** Du findest die richtige Lösung auf der linken Seite. Im vierten Kästchen von oben steht, dass „etwa 40 % der täglichen Kaffeedosis" außer Haus konsumiert werden.*

304

		richtig	falsch
a)	Der überwiegende Teil des Erlöses aus dem Verkauf des Kaffees gelangt an die Kaffeearbeiter.	☐	☒
b)	Der prozentuale Anteil des Einzelhandels am Kaffeepreis ist höher als bei den Röstern.	☒	☐
c)	Ab Juli des Jahres 2010 stieg der an der Börse gehandelte Preis für Kaffee am stärksten an.	☒	☐
d)	Der teuerste Kaffee der Welt kommt aus Peru.	☐	☒
e)	In Afrika befinden sich die meisten Kaffee produzierenden Länder.	☐	☒

*✔ **Hinweis:** a) Grafik „So entsteht der Kaffeepreis": Du findest die Angabe, dass nur 5,1 % des Kaffeepreises als Lohn an die Kaffeearbeiter gehen. In der Grafik entspricht dem der kleine weiße Bereich rechts; es ist der geringste Teil des Erlöses aus dem Verkauf. b) Grafik „So entsteht der Kaffeepreis": Du findest die Angabe, dass 23,7 % des Preises an den Einzelhandel gehen und nur 17,8 % an Händler und Röster. Daher ist die Aussage richtig. c) Grafik „Fieberkurve an der Börse": Die Kurve steigt am Ende stark an. Auf der x-Achse kannst du ablesen, zu welchem Zeitpunkt der Anstieg begann: im Juli 2010. d) Kästchen unten rechts „Der teuerste Kaffee der Welt": Der teuerste Kaffee der Welt wird in Indonesien produziert. e) Grafik „Dort kommt unser Kaffee her": In der Grafik werden die Länder genannt, in denen Kaffee produziert wird. Nur zwei davon sind afrikanisch: Äthiopien und Uganda. Die meisten Kaffee produzierenden Länder befinden sich in Mittel- und Südamerika.*

305 a) Der Anteil des „fair" gehandelten Kaffees steigt an.
    b) Die Handelsform wird als „fair" bezeichnet, weil die Kaffeebauern einen Mindestpreis erhalten.

*✔ **Hinweis:** a) In der Grafik siehst du eine steigende Kurve. Sie zeigt die Produktionsmengen von Kaffee mit dem Fairtrade-Siegel. Daran erkennst du, dass der Anteil des „fair" gehandelten Kaffees zunimmt. b) In der Beschreibung der Grafik steht, dass die Bauern einen Mindestpreis bekommen.*

306 y-Achse: Liter pro Jahr (Liter/Jahr)

Hinweis: *In der Beschreibung der Grafik liest du, dass der deutsche Bundesbürger* „*150* Liter **Kaffee** *jährlich*" *trinkt. Die Angaben* „*150*" *und* „*Kaffee*" *stimmen mit der Beschriftung des ersten Balkens in der Grafik überein. Da die Aufgabenstellung für die x-Achse bereits* „*Getränkeart/Getränk*" *vorgibt, kann sich die Angabe* „*Kaffee*" *nur auf die x-Achse beziehen und die Angabe* „*150*" *somit auf die y-Achse. Daraus kannst du schlussfolgern, dass alle Zahlen, die über den Balken stehen, den jährlichen Verbrauch des jeweiligen Getränks angeben, und zwar in Litern (z. B. 109 Liter Bier pro Jahr). Die korrekte Bezeichnung für die y-Achse ist damit* „*Liter/Jahr.*"

307 Fieberkurve an der Börse

Hinweis: *Auf der y-Achse steht der Dollarpreis pro Kilo Kaffee; die Kurve zeigt, wie sich der Kaffeepreis zwischen 2007 und 2011 entwickelt hat. Die Beschreibung der Grafik enthält zudem eine zusammenfassende Aussage zur Preisentwicklung: Der Kaffeepreis hat sich fast verdoppelt.*

308 „Zweieinhalb Tassen pro Tag" ist ein Durchschnittswert.

Hinweis: *Lies die Beschreibung der Grafik genau. Es geht hier nicht um den tatsächlichen Kaffeegenuss jedes Bundesbürgers, sondern nur um den statistischen Durchschnitt. Daher ist die Aussage, dass jeder Bundesbürger zweieinhalb Tassen Kaffee pro Tag trinkt, falsch. Denn es gibt Bundesbürger, die keinen Kaffee trinken, Bundesbürger, die weniger als zweieinhalb Tassen trinken, solche, die weit mehr trinken, usw. Aus den Angaben, die alle befragten Bundesbürger gemacht haben, wurde der Mittelwert von zweieinhalb Tassen errechnet.*

4 Schreibkompetenz – Überarbeiten eines Textes

481 „Ruhm" heißt der neue Roman des ~~Schriftsteller~~ Daniel Kehlmann.

G (Kasus):
Schriftstellers

482 Sein Werk stellt ~~interressante~~ Charaktere dar.

R:
interessante

483 Die abwechslungsreiche Sprache macht das Lesen nie anstrengend und ist leicht zu ~~kapieren~~.

A:
verstehen

484 Was die neun Geschichten zu ~~einen~~ Roman macht, ist die Verknüpfung der einzelnen Handlungsstränge.

G (Kasus):
einem

485 Die Tücken der neuen Medien ~~zieht~~ sich dabei wie ein roter Faden durch das Buch.

G (Numerus):
ziehen

486 Da ist z. B. ein Techniker, der ein neues Handy bekommt, dessen Nummer bereits vergeben ist.

Z:
Korrigieren Sie im Text.

487 Das Buch hat mich in jeder ~~Aussicht~~ überrascht.

G (Lexik):
Hinsicht

488 Eigentlich wollte ich es nur kurz anlesen, ~~sondern~~ ich konnte es einfach nicht mehr aus der Hand legen.

G (Konjunktion):
aber / doch

489 Man spürt den Spaß, den Kehlmann beim ~~schreiben~~ gehabt haben muss.

R:
Schreiben

490 Abschließend möchte ich sagen, dass Daniel Kehlmann ein lesenswertes Buch verfasst hat.

Z:
Korrigieren Sie im Text.

✦ Hinweis: 481) Der Artikel „des" steht im 2. Fall Genitiv, d. h., dass auch das zugehörige Nomen im Genitiv stehen muss. Wessen neuer Roman? Des Schriftstellers. Bei maskulinen Nomen wird der Genitiv in der Regel mit „s" am Ende gebildet.

482) Schlage die korrekte Schreibweise im Wörterbuch nach, wenn du dir nicht ganz sicher bist.

483) „Kapieren" ist ein Wort aus der Umgangssprache. Verwende hier ein Synonym aus der Hochsprache, um den Ausdruck des Satzes zu verbessern.

484) Artikel und Nomen müssen beide im Dativ (3. Fall) stehen: Zu wem werden die Geschichten gemacht? Zu einem Roman.

485) Es muss „ziehen" heißen, weil sich dieses Verb auf ein Nomen bezieht, das im Plural steht: „die Tücken".

486) Das Satzgefüge besteht aus drei Teilsätzen (HS, NS, NS), zwischen denen Kommas stehen müssen. Du kannst den letzten Teilsatz daran erkennen, dass er durch ein Relativpronomen („dessen") eingeleitet wird und das finite Verb („ist") am Schluss steht.

487) Überlege dir, wie man das Wort „Aussicht" umschreiben könnte und in welchem Zusammenhang man das Wort verwendet, dann erkennst du, dass es hier korrigiert werden muss.

488) Die Konjunktion „sondern" kann nur nach einer verneinten Aussage verwendet werden („Ich wollte es nicht ganz lesen, sondern nur anlesen.").

489) Du musst „Schreiben" großschreiben, weil es sich hier um eine Nominalisierung handelt. Dass „schreiben" hier als Nomen verwendet wird, erkennst du an dem vorangestellten Artikel: „beim (= bei dem) Schreiben".

490) Das Satzgefüge besteht aus zwei Teilsätzen (HS, NS), die durch ein Komma voneinander getrennt werden müssen. „Dass" leitet immer einen Nebensatz ein; wenn es innerhalb eines Satzgefüges steht, musst du davor ein Komma setzen.

Hinweis: Der Schreibplan ist die Grundlage für den Aufsatz, den du an-schließend schreiben sollst. Er vereinfacht das Schreiben, weil deine Gedanken und Argumente auf diese Weise schon geordnet sind und du sie später nur noch ausformulieren musst.
Vorbereitung: Die Aufgabenstellung gibt dir in der Tabelle sowohl die These als auch die Gegenthese vor. Lies dir beide durch, bevor du dich mit den Mei-nungsäußerungen beschäftigst. Kennzeichne nun die Pro- und Kontra-Argumen-te in den Sprechblasen, z. B. mit unterschiedlichen Farben oder mit +/–.
Einleitung: Anregungen für eine Einleitung findest du in dem Textabschnitt über den Sprechblasen. Es genügt, wenn du sie stichpunktartig notierst.
Hauptteil: Entscheide dich für jeweils zwei Argumente, welche dir besonders sinnvoll erscheinen, um These und Gegenthese zu untermauern. Orientiere dich daran, für welches Argument dir ein Beleg oder Beispiel einfällt. Schreibe die Argumente nun umformuliert (also mit deinen eigenen Worten) in die ent-sprechenden Tabellenabschnitte. Ergänze deine Argumente mit einem passenden Beispiel, das du dir ausdenken oder aus einer anderen Sprechblase entnehmen kannst. Achte darauf, im Schreibplan noch nicht zu ausführlich zu formulieren. Kurze Sätze genügen.
Schluss: Achte im Schlussteil darauf, dass du deine eigene Einstellung deutlich machst, also ob du eher die These oder die Gegenthese unterstützt. Überprüfe, ob dein Fazit zur Einleitung passt. Auch hier reicht es, wenn du nur Stichpunkte festhältst.

1. Einleitung		
581	Schreibanlass/ Hinführung zum Thema	Tattoos und Piercings bei Jugendlichen und Erwachsenen heutzutage weit verbreitet; Schüler unserer Schule bekam aufgrund auffälliger Piercings Ablehnung für Ausbil-dungsplatz; gerechtfertigt?
2. Hauptteil		
	These	Piercings und Tattoos werden heute allgemein akzeptiert.
582	1. Argument	• Menschen aller Altersgruppen und Schichten tragen Tattoos oder Piercings,
583	Beleg/Beispiel	• z. B. die Frau des ehemaligen Bundes-präsidenten.

584	2. Argument	• Piercings und besonders Tattoos können als Kunst betrachtet werden.
585	Beleg/Beispiel	• Um ein gutes Tattoo zu stechen, muss man sich intensiv mit dieser künstlerischen Tradition beschäftigt haben. Es gibt z. B. verschiedene Stilrichtungen sowie ästhetische und handwerkliche Regeln, die beachtet werden müssen.
	Gegenthese	Tattoos und Piercings sind nicht in allen Lebensbereichen erwünscht.
586	1. Argument	• Nicht allen Menschen gefallen auffällige Tattoos oder Piercings.
587	Beleg/Beispiel	• Im Servicebereich, z. B. bei Kellnern oder Verkäufern, können sich Kunden davon gestört, vielleicht auch provoziert fühlen.
588	2. Argument	• Es gibt Berufe oder Arbeitsbereiche, in denen das Tragen von Körperschmuck aus hygienischen Gründen verboten ist,
589	Beleg/Beispiel	• z. B. bei Berufen im medizinischen Bereich.
	3. Schluss	
590	Fazit/ eigene Positionierung/ Ausblick	Piercings und Tattoos heben die Individualität des Trägers hervor, aber manchmal sind sie unpassend. Der Träger eines Tattoos oder Piercings sollte sich entsprechend verhalten.

6 Schreibkompetenz – Umsetzung des Schreibplans: Verfassen eines Artikels für die Schülerzeitung

*✔ **Hinweis:** Schreibe nun den Text für die Schülerzeitung mithilfe deines Schreibplans. Formuliere die Argumente/Gegenargumente und ihre jeweiligen Belege in vollständigen Sätzen aus. Achte darauf, sie durch passende Konjunktionen und Überleitungen miteinander zu verbinden. Die Argumentation sollte deine Einstellung zur These Schritt für Schritt und ohne Widerspruch entwickeln. Deine Meinung muss klar erkennbar sein. Formuliere diese ausführlich im Schlussteil, nachdem du die einzelnen Argumente/Gegenargumente erläutert hast.*

__Vorsicht:__ Die Aufgabenstellung verlangt von dir einen Artikel für die Schülerzeitung, was auf den ersten Blick vielleicht vermuten lässt, dass du deinen Text in einem „lockeren" Schreibstil verfassen kannst. Es wird jedoch ausdrücklich darauf hingewiesen, dass du die Standardsprache verwenden sollst. Achte daher unbedingt darauf, nicht zu umgangssprachlich zu formulieren und dich an die Regeln der Rechtschreibung und Grammatik zu halten.

Werden Tattoos und Piercings heute allgemein akzeptiert?

Viele Jugendliche und Erwachsene tragen heutzutage Tattoos und Piercings. Beides ist mittlerweile so verbreitet, dass man damit kaum noch besondere Aufmerksamkeit erregt. Trotzdem bekam ein Schüler unserer Schule aufgrund seiner auffälligen Piercings eine Ablehnung für einen Ausbildungsplatz, auf den er sich beworben hatte.
(Einleitung: Schreibanlass/ Hinführung zum Thema)

Daher stellt sich die Frage, ob Tattoos und Piercings wirklich von allen akzeptiert werden.
(Fragestellung)

Dass Piercings und Tattoos heute allgemein akzeptiert werden, lässt sich durch verschiedene Argumente belegen.
(Hauptteil: These)

Es ist auffällig, dass sich in unserer Gesellschaft mittlerweile Menschen aller Altersgruppen und Schichten mit Tattoos oder Piercings schmücken, nicht mehr nur Jugendliche oder Punks. Selbst bei Personen des öffentlichen Lebens sind sie heute nicht mehr unüblich, wie das Beispiel der Frau des ehemaligen Bundespräsidenten Wulff zeigt, die ein Tattoo auf der Schulter trägt.
(1. Argument / Beleg/Beispiel)

Die breite Akzeptanz von Piercings und Tattoos lässt sich auch darin erkennen, dass viele in ihnen Kunstwerke sehen. Insbesondere Tattoos werden zum großen Teil sehr aufwendig produziert. Um ein gutes Tattoo zu stechen, muss sich der Tätowierer intensiv mit dieser künstlerischen Tradition beschäftigt haben, da es verschiedene Stil-
(2. Argument / Beleg/Beispiel)

richtungen sowie ästhetische und handwerkliche Regeln gibt, die beachtet werden müssen.

Allerdings kann man auch nicht die Augen davor verschließen, dass Tattoos und Piercings nicht in allen Lebensbereichen erwünscht sind. **Gegenthese**

Auf jeden Fall kann man davon ausgehen, dass nicht alle Menschen Tattoos oder Piercings schön finden, denn jeder hat eine andere Vorstellung von Ästhetik. 1. Argument Wird ein Kunde, dem ein solcher Körperschmuck nicht gefällt, von einem gepiercten oder tätowierten Servicemitarbeiter bedient, so könnte er sich davon gestört, vielleicht auch provoziert fühlen und dieses Geschäft eventuell nicht mehr besuchen. Beleg / Beispiel

Weiterhin muss man bedenken, dass es Berufe oder Arbeitsbereiche gibt, in denen das Tragen von Körperschmuck verboten ist. 2. Argument Das hängt unter anderem damit zusammen, dass hohe Anforderungen an die Hygiene gestellt werden, die durch das Tragen von Ringen, Ketten oder Piercings nicht eingehalten werden können. Ein Beispiel dafür sind Berufe im medizinischen Bereich, die mit einem hohen Infektionsrisiko verbunden sind. Beleg / Beispiel

Ich finde es in Ordnung, wenn jemand seinen Körper mit Tattoos oder Piercings verschönert, denn dadurch kann die Persönlichkeit des Trägers hervorgehoben werden. **Schluss:** eigene Positionierung Manchmal gibt es jedoch gesellschaftliche Regeln, die über den individuellen Bedürfnissen des Einzelnen stehen. Diese Situationen sollte der Träger eines Tattoos oder Piercings unterscheiden können und sich entsprechend verhalten. Das bedeutet, dass man z. B. bei einem Einstellungsgespräch seine Piercings besser herausnimmt und Tätowierungen durch geeignete Kleidung bedeckt. Insgesamt kann Fazit man also festhalten, dass Tattoos und Piercings nicht allgemein, sondern nur in bestimmten Bereichen akzeptiert werden.

Sicher durch alle Klassen!

Klare Fakten, systematische Methoden, prägnante Beispiele sowie Übungsaufgaben mit schülergerechten, kommentierten Lösungen zur Selbstkontrolle.

Mathematik Realschule

Mathematik Grundwissen 5. Klasse .... Best.-Nr. 51405
Mathematik Grundwissen 6. Klasse .... Best.-Nr. 51406
Mathematik Grundwissen 7. Klasse .... Best.-Nr. 51407
Mathematik Grundwissen 8. Klasse
Wahlpflichtfächergruppe II/III .... Best.-Nr. 91419
Funktionen 8.–10. Klasse .... Best.-Nr. 91408
Formelsammlung NRW Mathematik · Physik · Chemie
5.–10. Klasse Realschule .... Best.-Nr. 51411

Physik Realschule

Physik Grundwissen 10. Klasse .... Best.-Nr. 91431
Physik – Übertritt in die Oberstufe .... Best.-Nr. 80301

Deutsch Realschule

Deutsch Grundwissen 5. Klasse .... Best.-Nr. 91445
Deutsch Grundwissen 6. Klasse .... Best.-Nr. 91446
Deutsch Grundwissen 7. Klasse .... Best.-Nr. 91447
Deutsch Grundwissen 8. Klasse .... Best.-Nr. 91448
Rechtschreibung und Diktat 5./6. Klasse mit CD Best.-Nr. 90408
Zeichensetzung 5.–7. Klasse .... Best.-Nr. 91443
Diktat 5.–10. Klasse mit MP3-CD .... Best.-Nr. 914412
Deutsche Rechtschreibung 5.–10. Klasse .... Best.-Nr. 914411
Aufsatz 7./8. Klasse .... Best.-Nr. 91442
Erörterung und Textgebundener Aufsatz
9./10. Klasse .... Best.-Nr. 91441
Deutsch 9./10. Klasse Journalistische Texte
lesen, auswerten, schreiben .... Best.-Nr. 81442
Epochen der deutschen Literatur
im Überblick .... Best.-Nr. 104401
Übertritt in die Oberstufe .... Best.-Nr. 90409

Englisch Realschule

Englisch Grundwissen 5. Klasse .... Best.-Nr. 91458
Englisch Grundwissen 6. Klasse .... Best.-Nr. 91459
Englisch Grundwissen 7. Klasse .... Best.-Nr. 914510
Englisch Grundwissen 8. Klasse .... Best.-Nr. 914511
Englisch Grundwissen 9. Klasse .... Best.-Nr. 914512
Englisch Grundwissen 10. Klasse .... Best.-Nr. 90510
Englisch – Hörverstehen 10. Klasse mit CD ...... Best.-Nr. 91457
Training Englisch Wortschatz Mittelstufe .... Best.-Nr. 91455
Englisch Übertritt in die Oberstufe .... Best.-Nr. 82453

Französisch Realschule

Französisch im 1. Lernjahr .... Best.-Nr. 91462
Französisch im 2. Lernjahr .... Best.-Nr. 91463
Französisch – Sprechfertigkeit
10. Klasse mit Audio-CD .... Best.-Nr. 91461
Rechtschreibung und Diktat
1./2. Lernjahr mit 2 CDs .... Best.-Nr. 905501
Wortschatzübung Mittelstufe .... Best.-Nr. 94510

Sprachenzertifikat · DELF

Sprachenzertifikat Englisch Niveau A2
mit Audio-CD .... Best.-Nr. 105552
Sprachenzertifikat Englisch Niveau B1
mit Audio-CD .... Best.-Nr. 105550
Sprachenzertifikat Französisch
DELF B1 mit MP3-CD .... Best.-Nr. 105530

VERA 8

VERA 8 – Mathematik
Version B: Realschule .... Best.-Nr. 915082
VERA 8 – Deutsch mit MP3-CD
Version B: Realschule .... Best.-Nr. 915482
VERA 8 – Englisch mit MP3-CD
Version B: Realschule .... Best.-Nr. 915582

Arbeitshefte Realschule

Arbeitsheft VERA 8 Mathematik
Version B: Realschule .... Best.-Nr. 9150001
Arbeitsheft VERA 8 Deutsch Version B: Realschule
mit MP3-CD .... Best.-Nr. 9154005
Arbeitsheft VERA 8 Englisch Version B: Realschule
mit MP3-CD .... Best.-Nr. 9155005
ohne MP3-CD .... Best.-Nr. 9155001
Arbeitsheft Bildungsstandards Englisch *Reading*
Mittlerer Schulabschluss B1 .... Best.-Nr. 101550

Klassenarbeiten Realschule

Mathematik 5. Klasse Realschule/Gesamtschule Best.-Nr. 510005
Mathematik 6. Klasse Realschule/Gesamtschule Best.-Nr. 510006
Mathematik 9. Klasse Realschule/Gesamtschule Best.-Nr. 510009
Mathematik 10. Klasse
Realschule/Gesamtschule .... Best.-Nr. 510010
Deutsch 5. Klasse Realschule .... Best.-Nr. 1014051
Deutsch 7. Klasse Realschule .... Best.-Nr. 1014072
Englisch 6. Klasse Realschule .... Best.-Nr. 1015561
Englisch 9. Klasse Realschule .... Best.-Nr. 1015591
Französisch 9. Klasse Realschule .... Best.-Nr. 1015301

Kompakt-Wissen Realschule

Kompakt-Wissen Mathematik .... Best.-Nr. 914001
Kompakt-Wissen Englisch Themenwortschatz .. Best.-Nr. 914501
Kompakt-Wissen Englisch Grundwortschatz ..... Best.-Nr. 914502
Kompakt-Wissen Geschichte .... Best.-Nr. 914801
Kompakt-Wissen Sozialkunde .... Best.-Nr. 914082
Kompakt-Wissen Deutsch Aufsatz .... Best.-Nr. 514401
Kompakt-Wissen Rechtschreibung .... Best.-Nr. 944065
Kompakt-Wissen Französisch Grundwortschatz . Best.-Nr. 915001

(Bitte blättern Sie um)

Den Mittleren Schulabschluss erfolgreich meistern

- Ideal für Schülerinnen und Schüler zur selbstständigen Vorbereitung auf die zentrale schriftliche Prüfung für den Mittleren Schulabschluss (MSA) in Berlin und Brandenburg.

- Die Bände enthalten den zentral gestellten Jahrgang 2012 sowie einen umfangreichen Trainingsteil mit zahlreichen Übungsaufgaben zu allen prüfungsrelevanten Themen und Kompetenzbereichen.

- Die schülergerechten, ausführlichen Lösungen zu allen Aufgaben ermöglichen die Kontrolle des eigenen Lernfortschritts.

- Im übersichtlichen Format A4.

Mathematik

Training MSA 2013
Mathematik – Berlin · Brandenburg
Originalprüfungsaufgabe 2012. Umfangreicher Trainingsteil mit vielen Beispielen und Aufgaben sowie vermischten Aufgaben zum prüfungsrelevanten Grundwissen.
- .... Best.-Nr. 111500

Lösungsheft zu 111500
Ausführliche und schülergerechte Lösungen mit Hinweisen und Tipps im separaten Lösungsheft.
- .... Best.-Nr. 111500L

Deutsch

Training MSA 2013
Deutsch – Berlin · Brandenburg
Umfassendes Training zur gezielten Vorbereitung auf den MSA mit Möglichkeit zum Wiederholen und Einüben der Kernkompetenzen. Enthält vielfältige Übungsaufgaben im Stil der Prüfung sowie die Original-Prüfungsaufgabe 2012.
- .... Best.-Nr. 111540

Lösungsheft zu 111540
Ausführliche und schülergerechte Lösungen mit Hinweisen und Tipps im separaten Lösungsheft.
- .... Best.-Nr. 111540L

Training Ausbildungsplatzsuche

Hesse/Schrader – Die perfekte Bewerbungsmappe
für Ausbildungsplatzsuchende mit CD-ROM ..... Best.-Nr. E10003
Hesse/Schrader – Crashkurs
Bewerbung für Azubis .... Best.-Nr. E10473
Hesse/Schrader – Training
Vorstellungsgespräch mit CD-ROM .... Best.-Nr. E10063
Hesse/Schrader – Die 100 wichtigsten Tipps
für Ausbildungsplatzsuchende .... Best.-Nr. E10104
Hesse/Schrader – Testtraining
für Ausbildungsplatzsuchende .... Best.-Nr. E10202

Weitere Titel unter www.berufundkarriere.de

Englisch

Training MSA 2013
Englisch – Berlin
Abwechslungsreiche Übungsaufgaben zu den Bereichen *Listening* und *Reading*, *Writing* mit *Mediation* und *Speaking* zum intensiven Training und zur gezielten Vorbereitung auf den MSA. Mit hilfreichen Hinweisen und Tipps, einer Kurzgrammatik sowie der Original-Prüfungsaufgabe 2012. Mit MP3-CD.
- .... Best.-Nr. 111550

Zusätzlich für Berlin MSA 2013

Zur Ergänzung: Sammlung von Original-Prüfungsaufgaben der letzten Jahre zum intensiven Training vor der Prüfung. Im praktischen Format A5.

Abschluss-Prüfungsaufgaben MSA
Mathematik – Berlin · Brandenburg
Enthält die Original-Prüfungsaufgaben der Jahre 2006–2012 mit vollständigen und schülergerechten Lösungen zu allen Aufgaben. Ideal geeignet zur selbstständigen Kontrolle des eigenen Wissensstandes und als intensives Training auf Prüfungsniveau zur gezielten Vorbereitung auf den MSA.
- .... Best.-Nr. 1115001

Abschluss-Prüfungsaufgaben MSA
Deutsch – Berlin · Brandenburg
Bereitet anhand von Original-Prüfungsaufgaben aus den Jahren 2008–2012 gezielt auf den MSA Deutsch vor. Mit ausführlichen, schülerorientierten Lösungsvorschlägen und hilfreichen Tipps zur Bearbeitung. Zum intensiven Üben unter Originalbedingungen.
- .... Best.-Nr. 1115401

Abschluss-Prüfungsaufgaben MSA
Englisch – Berlin
Zur gezielten Vorbereitung auf den MSA. Enthält die Original-Prüfungsaufgaben der Jahre 2008–2012 mit Lösungen zu allen Aufgaben sowie eine Kurzgrammatik zum schnellen Nachschlagen. Mit MP3-CD.
- .... Best.-Nr. 1115501

Bestellungen bitte direkt an:
STARK Verlagsgesellschaft mbH & Co. KG · Postfach 1852 · 85318 Freising
Tel. 0180 3 179000* · Fax 0180 3 179001* · www.stark-verlag.de · info@stark-verlag.de
*9 Cent pro Min. aus dem deutschen Festnetz, Mobilfunk bis 42 Cent pro Min.
Aus dem Mobilfunknetz wählen Sie die Festnetznummer: 08167 9573-0

Lernen · Wissen · Zukunft

STARK